U0516852

资本赋能发展

陈宪 夏立军 冯奎 等◎著

中信出版集团 | 北京

图书在版编目（CIP）数据

资本赋能发展／陈宪等著 . -- 北京：中信出版社，
2020.3
ISBN 978-7-5217-1413-5

Ⅰ.①资… Ⅱ.①陈… Ⅲ.①城市—竞争力—研究—
中国 Ⅳ.①F299.2

中国版本图书馆CIP数据核字（2020）第010970号

资本赋能发展

著　　者：陈宪 夏立军 冯奎 等
出版发行：中信出版集团股份有限公司
　　　　　（北京市朝阳区惠新东街甲4号富盛大厦2座　邮编　100029）
承 印 者：三河市中晟雅豪印务有限公司

开　　本：787mm×1092mm　1/16　　印　张：15.5　　字　数：200千字
版　　次：2020年3月第1版　　　　　印　次：2020年3月第1次印刷
广告经营许可证：京朝工商广字第8087号
书　　号：ISBN 978-7-5217-1413-5
定　　价：88.00元

研究团队

负责人

陈　宪　上海交通大学安泰经济与管理学院教授、中国城市治理研究院嘉华教授

夏立军　上海交通大学安泰经济与管理学院教授、中国城市治理研究院双聘研究员

成　员

冯　奎　国家发展改革委城市和小城镇改革发展中心学术委员会秘书长

陆　铭　上海交通大学安泰经济与管理学院特聘教授、中国发展研究院院长

张秋生　北京交通大学经济管理学院院长

俞俊利　上海交通大学中国城市治理研究院专职研究员

林　欢　上海交通大学安泰经济与管理学院博士生

臧　蓉　上海交通大学安泰经济与管理学院博士生

崔婷婷　上海社会科学院应用经济研究所博士生

目　录

中国资本市场自 1990 年正式设立以来，不断发展壮大，在经济发展中发挥着越来越重要的作用。2018 年底，中央经济工作会议首次提出"资本市场在金融运行中具有牵一发而动全身的作用"。如果善加利用，资本市场与经济发展将会相辅相成，相互促进。

一个城市上市公司的数据，反映这个城市的资本活力，进而反映城市经济发展的动力和潜力，是一个有现实意义的研究视角。编制城市资本活力指数，撰写本书的想法，就是在这个考虑下产生的。

城市资本活力指数，由三个分项指数、五个指标组成。它们分别是：规模指数，由两个指标组成，即上市公司数量和上市公司市值；效率指数，由两个指标组成，即人均上市公司数量和人均上市公司市值；结构指数，一个指标，即上市公司产业新兴度。在城市资本活力指数中，三个分项指数——规模指数、效率指数和结构指数的权重分别是 50%、25% 和 25%。其中，上市公司数量和上市公司市值在规模指数中各占 1/3 和 2/3 的权重，人均上市公司数量和人均上市公司市值在效率指数中各占 1/3 和 2/3 的权重。结构指数反映的是某城市所有上市公司的产业新兴度均值，用该城市各上市公司所在行业 MB（行业总市值除以行业净资产总和）的市值加权平均值度量。最后，对规模指数、效率指数和结构指数的排名进行加权求和，产生各城市资本活力指数的总得分。

城市资本活力指数有三个特点：第一，指标简洁。现在看到的很多指数，指标数量众多，生恐有所遗漏。其实，指数能否揭示反映对象的本质，是靠指标的信息量，而不是靠指标数量。比如，联合国人类发展指数，反映世界各国的人类发展水平，仅用了四个指标，其中一个指标是"出生时预期寿命"，这个指标涉及安全、营养、医疗、环境等诸多方面，信息量之大，不难想见。第二，数据全面、可靠。城市资本活力指数既覆盖了一个城市拥有的境内上市公司，又基本覆盖了其拥有的境外上市公司，数据全面。同时，上市公司的数据是公开发布的，其真实性受到较为严格的审计和监管。在可获得的前提下，数据相对公正，进而保证了指数的质量。第三，视角独特。中国城市资本活力指数用微观数据揭示和反映城市化、城市创新和城市竞争力等宏观问题，是极富创意的工作，具有创新价值。

我们现在从城市层级（规模）和区域两个方面，编制城市资本活力指数。经济总量前 20 位的城市，可以涵盖一线城市和直辖市；副省级城市，包括副省级省会市和计划单列市；地级市，包括地级的省会市和其他地级市；县级城市。同时，还有三个按区域编制的城市资本活力指数（长三角、粤港澳和京津冀）。迄今为止，已经公开发布了粤港澳城市资本活力指数、长三角县域资本活力指数和中国地级市资本活力指数。我们还将利用各种机会发布不同层级、不同区域的城市资本活力指数。

在当下城市间竞争的格局下，一个城市总觉得自己少了几家上市公司。一个城市上市公司的状况，直接反映城市的资本活力，更为根本地说，它可以反映这个城市的创新能力和竞争力。这一方面是由上市公司在城市经济中的地位决定的，另一方面，上市公司代表的特定角度，是城市创新能力带来的竞争力和增长潜力的写照。现在，无论在哪个板上市的公司，如果没有一定的创新能力，都是无法"登陆"的，也是无法持续发展的。

从经济活动的视角看，城市一个普遍性的"痛点"就是创新能力不足、不强。即便是旧金山和深圳，它们仍然会因此感到困惑，需要不断地奋发有为。创新能力的最终表现，以及城市间可比的一个重要方面，就是上市公司。唯愿"中国城市资本活力指数"产生合理的激励，使资本对城市赋能，使城市在创新驱动的道路上，行稳致远、持续前行。

有人说，一个城市的竞争力，不在于它有什么样的历史，而在于它有什么样的公司。本书用数据诠释了这句话。

第一章

中国城市资本活力研究报告

一、 城市资本活力研究的背景意义

自资本主义兴起至今，伴随着经济发展，城市逐步成为资本、技术、人口、文化的会聚之地。伦敦、巴黎、法兰克福、纽约、东京、首尔等一批城市，不仅是地理意义上的概念，也逐步成为经济要素、科技文化的创造和聚集地。改革开放以来，中国特色的新型城镇化深刻改变了中国的城市形态、产业结构、人口分布和社会运行方式，也奠定了城市在国家经济发展中的重要地位。不同城市之间的相互竞争，促进了各种要素的流动，提高了资源配置效率，成为中国经济跨越式发展的重要推动力。

城市间竞争囊括了政治、经济、文化等多个方面，其中资本活力是衡量城市竞争力的重要指标，资本活力的高低反映着一个城市的开放度、创新能力以及吸引力。资本活力高的城市，能够有效而快速地借助资本流动，形成对人才、技术等要素的虹吸效应，有力推动当地的经济发展和产业结构转型升级。反之，资本活力低的城市，则对资本、人口等要素吸引力不足，难以产生集聚效应，从而拖累经济发展。在此背景下，国家发改委城市和小城镇改革发展中心与上海交通大学中国发展研究院构建了城市资本活力指数。课题组通过对比几种主流的区域经济和营商环境的分析工具，分析各自的优劣，最终选择用资本活力指标体系评估城市的经济发展和营商环境，为城市的准确定位提供了重要参考，这也是对已有城市竞争力评估体系的丰富和完善。

在国家现代化建设大局和全方位开放格局中，准确理解和评估相关政策措施对区域经济发展和营商环境情况的影响，构建科学、客观的评估体系，将有助于调整完善相关政策措施，并促使区域战略顺利推进。城市资本活力指数研究，主要以 Compustat、Wind、同花顺、交易所、统计年鉴等为数据来源，以注册在各地区的深沪上市企业（主板＋中小板＋创业板）及海外主要交易所上市企业为具体观察样本，从上市公司数量、上市公司总市值、产业新兴度、人均上市公司数量、人均上市公司市值五个指标出发，进一步认识城市经济发展状况以及营商环境的变化。基于对城市资本活力的系统性分析，有助于深刻认识城市的发展现状与面临的困境，从而为城市发展提出有针对性的对策建议。

（一）资本活力研究的时代背景

1. 城市的历史与未来

城市是以从事非农业活动为主要内容，随着社会经济发展形成的人口高度集中的地域，是现代工业和第三产业的集中地，是经济、政治、文化、科学技术、教育的中心，在促进社会和经济发展中起主导作用。在长期的发展历史中，城市主要形成了以下特征：第一，城市是人口高度集中的地域，它是随着人类社会大分工和生产力发展产生的，并且随着经济社会的发展而发展；第二，城市以从事非农业活动为主，是工业基地和第三产业的集中地；第三，城市是一个地区经济、政治、文化和对外交往的中心，城市遵循上述功能对地区发展起主导作用。

城市的兴起是人类文明起源的重要标志之一，社会生产力的快速发展，使传统农业与手工业相脱离，传统的生产活动打破地域空间的限制，为城市的产生创造了可能。最初，"城"和"市"是完全不同的概念，"城"是指在一定地域上为抵御外来入侵围起来的墙垣，是当时部落首领统治和构筑防御设施的中心。"市"则是商品流通的中心，进行交易的场所。但城与市之间需要相互补充，城和市的发展，使两者走向融合，"城"与"市"之间的融合，产生了完整意义上的城市，并逐步成为一个地区或国家的经济、政治、文化中心。

自20世纪90年代以来，分工的深化和经济的高速发展推动了世界向经济全球化、科技区域化的方向发展。城市具有了多重属性：社会财富的拥有者、创造者与消费者。全球GDP的绝大部分来自城市，并承载了全球一半以上的人口，是一个地区与国家进行商品交易、科技协助、文化交流等的重要窗口。经济的发展及其全球化给各个城市带来了机遇和挑战。各个城市要获得比其他城市更好的发展机会、发展空间、发展潜力，彼此之间就要对要素、资源、市场、人才等展开激烈的竞争与争夺。

世界不再是分割与独立的，城市变成了多层次与多维度的复杂系统。在城市这种复杂的系统中，每个层次和维度的功能都起到相应的作用，都扮演着自己的角色。伴随着城市复杂系统的不断调整与扩充，城市在全球一体化经济中发挥着越来越重要的作用。与此同时，在全球经济一体化背景下，区域内或一国之内，城市之间的融合深度和竞争激烈度也在加剧。因此，提升城市竞争度，不仅是为了应对全球经济政治的一体化，也是各级政府执政的重要目标。基于上述分析可以看出：各个城市在相互深度融合的同时，仍然在经济、政治、文化、科技等不同层次和维度上存在竞争。通过研究分析城市竞争力，我们可以清晰、客观地了解城市的发展现状、不足与优势，从而制定出确保发挥优势、克服劣势的最优策略，使城市在全球竞争中脱颖而出。

2. 中国的经济变革与城市转型

改革开放40年来，我国经济社会经历的几次变革都伴随着工业化发展及城市转型：1978年开启的改革开放，是中华人民共和国成立以来具有深远意义的伟大转折，传统的计划经济体制被打破，长期僵化的工业化力量开始聚焦新生力量；1992年邓小平同志的南方谈话，开启了中国经济社会的第二次大转型，社会主义市场经济体制的目标更加明确和坚定，城乡、城市间工人、生产资料、技术的流动加速，城市的承载力迅速增加，工业化的加速快速推进了城市转型；2001年，我国加入WTO导致的第三次转型，加速了我国的国际一体化进程，同时也加快了国内产业的升级转型，从而进一步带动了城市转型。

通过经济转型推进的工业化，在广度和深度上奠定了坚实的基础。信息技术的快速发展又为工业化发展带来了新的挑战。信息化带动工业化、工业化促进信息化，走出一条资源消耗低、科技含量高、环境污染少、经济效益好的新型工业化道路。工业化与信息化又促进了新型城镇化。因此，新型城镇化是现代工业化自然演化的结果，实现我国的新型工业化，是现代中国城市竞争力提高的出发点，也是中国城市竞争力提高的重要阶段性目标。

不科学的工业化伴随的短期行为，带来了资源过度消耗、人口急剧膨胀、空气质量急剧下降等一系列"城市病"，这些粗放型的工业化发展模式逐渐引起人们的关注。未来城市的发展，将引入"以人为本""可持续发展"的理念，注重提升城市的品位和宜居性，把城市建设成人类理想家园作为追求目标。对此，在科学发展观的指导下，中国城市走上了新型工业化、新型城镇化的发展道路，城市在协调经济效益、社会效益、生态效益的过程中，其竞争力显著提升，并逐渐发展成为企业全球竞争优势的重要来源，城市的竞争力将决定国家之间的经济格局。

3. 城市竞争的加剧与评价指标体系研究的兴起

古代氏族之间为了抵御外来入侵围墙筑城，形成了城市雏形。经济社会越发展，城市间竞争越激烈。而城市的竞争力对城市内的各种经济行为主体产生重要的影响。城市竞争力是国家竞争力、区域竞争力、企业竞争力等整个竞争体系的核心。中国要迈向现代化，拉近与发达国家之间的距离，城市的现代化是前提，挖掘和培养城市竞争力是必由之路。因此，提高区域、城市在国内和国际市场中的竞争力已得到广泛关注，学术界对此也进行了些许研究，但是目前才刚刚起步，并且从事这些研究的多为西方学者，多从发达国家的角度出发，所以存在很多理论缺陷，相关指标尚不全面、有效。发展中国家要在激烈的国际经济竞争中占据一席之地，缩小与发达国家之间的差距，急需在理论上和实践中对如何提高城市竞争力进行有益的探索。

（二）资本活力研究的学术意义

在新的历史时期，全球产业结构的深度调整和新技术的广泛应用，极大改变了传统城市间的竞争条件，特别是全球的资本、技术、人才等要素的流动，传统区位和政策优势对城市经济社会发展的推动力逐步让位于资本、技术等要素。在此背景下，一个城市自身的竞争力，已经成为在更大范围、更广领域和更高层次参与国际经济技术竞争与合作的主导性驱动力。

当前，国内各主要城市发展速度较快，但部分城市在追求经济增长速度的过程中未能认清自身，对城市竞争力定位出现偏差，从而出现城市盲目追求规模的问题，以致出现了一批热衷于"摊大饼"的城市。这不仅偏离了顶层设计中新型城镇化建设的路线，也必然导致资源分配的低效率和城市发展量与质的背离。因此，对于城市竞争力的准确定位是城市可持续发展的重要前提，而这又迫切需要一套指标对城市竞争力进行精准定位。

学术界致力于构建城市竞争力评价体系，总体上形成了以下城市竞争力评价体系。

（1）国际权威机构构建的城市竞争力评价体系。其中具有代表性的有：世界经济论坛（World Economic Forum，WEF）与瑞士洛桑国际管理发展学院（Institute for Management Development，IMD）每年度围绕政府、开放程度、法律制度、金融、技术、管理、劳动和基础设施等八大要素建立的城市竞争力评价指标体系。美国哈佛大学商学院迈克尔·波特以需求条件、生产要素、相关产业和支持性产业表现、企业结构、战略和政府作用、竞争对手以及机遇六大因素为核心，建立了用城市生产率量化城市竞争力的评价指标体系。

（2）国内权威机构构建的城市竞争力评价体系。中国社会科学院财政与贸易经济研究所倪鹏飞博士发布的系列丛书《中国城市竞争力报告》，是目前比较具有代表性的城市竞争力评价的相关研究，该研究基于"弓弦箭模型"，重点考察资本、人力、科技、政府管理、基础设施等要素的城市竞争力评价体系——这是目前国内流传最广、影响力最大、关注最多的城市竞争力评价体系。

通过梳理上述城市竞争力评价体系研究成果发现，现有国内城市竞争力评价研究仍有待完善，诸如庞杂而又内生的评价指标体系没有侧重，难以体现各城市独特的发展潜力。因此，城市资本活力评价体系基于资本的研究视角，在强调资本与经济发展的内在关系时，构建了由"三个分项指数、五个指标"组成的资本活力评估体系。这一评估体系，在突出资本对于城市发展重要作用的同时，将城市上市公司的数量、规模与市值作为重点考察内容，以城市资本活力度反映城市汇集资源的能力，以此作为城市竞争力的重要评价指标。该指标不仅采用重点突出的方式简化了城市竞争力评价指标，而且是对已有研究的一大创新。这一指标体系的创立，可以为后继学术研究中关于宏观经济政策对城市发展的政策评价、城市竞争力与城市经济发展的中观经济研究、城市与企业发展的微观经济研究以及相应的城市与社会人文发展研究，提供较为精准的评价基础。

（三）资本活力研究的实践意义

随着经济全球化的发展，新型工业化和信息化的发展、知识经济的兴起，给新型城镇化带来了机遇和挑战。高新技术应用于新产业与新经济，使资源利用率得到提升，减轻了经济发展对自然资源的依赖，给资源稀缺的城市带来了新的发展机遇。同时以信息技术为主的"新经济"也对城市提出了新的挑战，经济发展越来越依赖于知识的投入和高素质的人才。随着传统工业没落，原本依赖自然资源的传统工业城市正面临着经济衰退。各个城市面对不断变化的发展形式和日益激烈的国际、国内竞争，不得不重新定位城市发展。因此，城市对于自身发展潜力的系统认知，深刻地影响着城市的战略选择。

资本赋能发展

对于城市资本活力指数的研究，是以城市资本活力度来呈现城市的竞争力，具有较为深远的实践意义。

（1）城市资本活力指数研究有助于城市正视自身的优势与不足，从而制定与之相应的发展战略，进而推动城市的快速、良性的可持续发展。伴随着当前我国信息化、工业化以及城镇化的迅猛发展，城市间的联系度显著增强，城市间的竞争愈发激烈。然而，许多城市对自己及相邻城市的定位存在一定偏差，不能正确认识自身所处的地位与区位、具备的劣势与优势、面临的挑战与机遇，结果导致各个城市之间的盲目与无序竞争，造成社会整体资源要素的浪费。城市间资源无法得到合理的整合，极大地限制了区域内各城市的功能互补与优势发挥。因此，基于对城市资本活力指数的研究，有助于城市精准定位，在明确自身及合作伙伴竞争优势后，制定有效的竞争与区域合作战略。

（2）城市资本活力指数在作为城市竞争力分析工具的同时，也是国家了解城市发展现状的重要参考。对城市资本活力的研究有助于国家正确评价中国各城市的现状和发展潜力，及时了解各城市的发展动向和发展趋势，进一步制定和完善中国城市总体布局及发展战略，从而实现中国各城市相互促进、共同发展，以及中国经济的快速发展。

（3）城市是国家最重要的组成部分，同时也是企业发展的重要依托，国家竞争和产业的国际竞争主要是通过城市的国际竞争实现的。因此，城市资本活力研究将城市上市公司的资本规模和效率纳入评价范围，有助于城市及时了解区域内上市公司数量、规模的变化。城市在准确定位中参与国际竞争，有助于中国产业以及整个国家明确自身在国际竞争与国际分工中扮演的重要角色。

二、　城市资本活力研究的框架体系

（一）理论基础与设计理念

城市资本活力研究主要基于竞争优势理论、创新优势理论、要素流动理论以及现代经济增长理论，建构了涵盖资本规模、效率、产业结构等五项指标的评估体系，以此衡量城市的竞争优势、发展要素以及经济增长规律。城市通过分析自身的资本活力度，有助于对自身发展形成准确定位，在突出优势、克服劣势中实现城市的可持续发展。

1. 竞争优势理论

在以实物生产为主的经济发展阶段，社会的竞争力主要集中在产品竞争方面，其代表理论有李嘉图的相对成本论、亚当·斯密的绝对成本论、马歇尔的集聚优势论以及俄林的生产要素禀赋理论。上述理论研究都认为竞争市场的本质是同质产品的竞争，竞争优势的决定性因素是产品成本。其中，李嘉图和亚当·斯密认为经济效率的不同主要导致产品成本的差异。马歇尔观察了企业集聚的现象，认为生产资料存在集聚的趋势，特别是在生产要素流动情况下，生产资料集聚效益更加显著，生产要素集聚更易于降低生产成本，进而达到提高产品竞争力的效果。俄林则从产品的投入要素间价格差异的角度探究了产品的比较优势，并表示产品生产的要素禀赋差异才是导致产品价格不同的主要原因。

2. 创新优势理论

创新本意有三个，即改变、更新、创造新的东西。其作为一种理论最早可追溯到美国哈佛大学教授熊彼特（1912）的《经济发展理论》。熊彼特把创新定义为一种新的生产条件和生产要素的结合。他指出，资本主义经济实现新的均衡替代旧的均衡主要来自创新这种内部力量，创新引起经济发展和增长。二战后，创新理论逐渐往扩散理论方向发展，罗杰斯（1962）研究了众多创新扩散案例，考察了创新扩散的基本规律，认为扩散受创新特点、传播时间、传播渠道等因素影响，并深入分析了影响创新采纳率和扩散网络形成的原理，提出了著名的"创新扩散 S－曲线理论"。近十几年来，信息技术发展方兴未艾，创新要素更多，创新效应更大，创新对经济社会生活产生的影响更加深远。

3. 要素流动理论

传统的要素理论认为，引起经济增长的三大要素是土地、资本和劳动。威廉·配第（1662）指出：劳动是财富的源泉，但是劳动创造财富的能力受自然条件的限制。萨伊（1803）指出，土地、资本和劳动是创造价值最基本的生产要素。二战以后，随着知识经济、信息经济的产生和发展，信息要素在生产中的地位进一步凸显。库兹涅茨（1955）等人认识到技术、管理因素对物质资料生产的重要性，将它们与资本和劳动等同起来，形成了生产要素。全球化浪潮的发展使人力资本和物质资本在各国之间的流动越来越频繁，人们对生产要素流动的认识逐渐趋于细化。一方面，新的生产要素不断产生，发挥的作用不断增强。例如技术、管理、信息等非实体性要素从实体要素中脱颖而出，在经济发展中发挥出惊人的驱动作用。另一方面，新的生产要素的出现，使原有要素的含义、构成、作用和地位也发生了深刻变化。

4. 现代经济增长理论

现代经济增长理论试图回答经济增长的源泉问题以及如何才能保持经济的持续稳定发展等根本问题。哈罗德（1939）在凯恩斯"有效需求"理论基础上，考察长期经济增长问题，又把经济增长理论系统化，这标志着现代经济增长理论兴起。索洛（1956）等人创立了新古典经济增长模型并得出如下结论：劳动和资本都是经济增长的推动因素；劳动与资本可以相互替代；资本和劳动的投入量及投入比，由利润率和工资率的相对变化来调节。罗默（1986）结合外部性、物质要素的收益递减性和知识、技术收益递增性这三个因素提出"收益递增的经济增长模型"，将技术变化作为内生变量，把特殊知识和专业化人力资本看成经济增长的主要因素，从而使整个经济具有规模收益递增的特性。卢卡斯（1988，1992）把人力资本作为独立因子纳入经济增长模型，将舒尔茨的人力资本和索洛的技术进步概念结合起来并具体化为"专业化的人力资本"。总的来说，新经济增长理论主要将知识、人力资本、技术进步引入经济增长评估模型，并将其作为城市发展的内生动力。在此基础上，进一步提出要素收益递增、知识外溢等新思想，通过理解要素与经济增长的相互关系，有助于充分挖掘城市的基础性要素，在优化要素组合的过程中，促进城市经济结构的转型升级。此外，新经济增长率理论在关注内部效应的同时，也高度重视经济发展的外部环境，解释了各国和各个时期经济增长率的差异。新经济增长理论着眼于城市发展的新动力，摆脱了传统增长理论中的"资本决定论"和"劳动决定论"，有助于城市不断创新经济发展方式，形成新的经济增长极。

（二）设计原则与指标体系建构

1. 设计原则

城市竞争力是综合的、系统的概念，是城市经济、社会、环境等各方面能力的集中体现，反映了一个城市的生产能力、居民生活水平、对外开放水平、环境质量等。因此单纯用一个指标很难反映城市的整体状态和水平，必须建构一个指标体系。指标体系是反映城市竞争力水平的主要尺度，指标体系建构的科学性和合理性直接影响到评价结果。对于城市资本活力指标体系设计，通常需要遵循以下几点原则。

（1）科学性原则。选取的评价指标必须能够客观、真实地反映城市竞争力的真实水平，每个指标的名称、解释、计算方法和分类都要规范。虽然指标选取得越多越能全面反映城市发展现状，但是过多的指标数据会增加运算过程和结论的误差，且很多指标描述和反映的都是同一个本质，所以选取的指标只要具有科学的代表性即可。

（2）系统性原则。评价城市竞争力需要一个指标系统，包括若干个相互补充的子系统才能反映整个城市的综合竞争力，而各个子系统的水平又需要若干指标项的相互作用来反映。因此，评价城市竞争力的指标选取需要遵循系统性原则，从全局出发，把握住系统的整体性，覆盖一个城市综合发展的各个方面，避免遗漏。

（3）可比性原则。城市竞争力水平高低是一个相对概念，需要与其他城市进行比较才有意义。在建构指标时应注意不同地方统计指标的含义、统计的范围和单位等。由于不同城市发展优势不同，所以在选取指标时应注意公平性，充分反映每个城市综合水平的同时，突出各城市优势项目。由于每个城市都在不断发展，所以有些指标的重要程度会因发展水平变化而变化，需要注重评价指标的连贯性。

（4）可操作性原则。选取可收集到的指标或是通过收集到的数据可进行计算得到的指标，那些在理论上重要但实际操作中难以得到的指标尽量不予采用。尽量选用可以量化的指标，定性分析的指标尽量不采用，以增加评价结果的可信度，减少主观判断误差。

（5）动态性原则。指标体系是一个有机整体，从不同角度反映了一个城市不同发展阶段的竞争力水平，但指标体系还应体现城市系统变化，体现城市在不同方面的发展趋势，有利于对城市竞争力水平进行预测和指导，所以还应考虑选择一些对城市未来提升竞争力水平有重要作用的指标。

2. 指标体系构建

"城市资本活力指数"基于 Compustat、Wind、同花顺、统计年鉴等数据来源，以注册在各地区的内地上市企业（主板＋中小板＋创业板）及海外主要交易所上市企业为具体观察样本，通过五个指标反映地区经济发展状况和营商环境的变化，确保了评价数据的权威性、客观性、准确性和可得性。

上市公司作为地方企业和行业中的龙头梯队，其发展相对比较成熟，相关数据的真实性和公开性更强，对地方就业、经济增长、社会福祉的影响更为深远，因而将其作为样本更具科学性。考察地区上市公司资本活力发展状况及历史演变，能对各地区经济发展情况和营商环境状况有更加全面和客观的认知。

城市资本活力指数由三个分项指数、五个指标组成。它们分别是：规模指数，由两个指标组成，即上市公司数量和上市公司总市值；效率指数，由两个指标组成，即人均上市公司数量和人均上市公司市值；结构指数，一个指标，即产业新兴度。城市资本活力指数中，三个分项指数——规模指数、效率指数和结构指数的权重分别是 50％、25％和 25％。其中，上市公司数量和上市公司总市值在规模指数中各占 1/3 和 2/3 的权重，人均上市公司数量和人均上市公司市值在效率指数中各占 1/3 和 2/3 的权重。结构指数反映的是某城市所有上市公司的产业新兴度均值，用该城市各上市公司所在行业 MB 的市值加权平均值衡量。最后，对规模指数、效率指数和结构指数的排名进行加权求和，产生各城市资本活力指数的总得分。

（1）上市公司规模。截至年末归属于该地区的海内外上市公司数量。上市公司数量是一个地区经济发展水平和营商环境质量的重要体现，反映了该地区市场的活跃程度。

（2）上市公司市值。截至年末归属于该地区的海内外上市公司市值总和（海外市值均以年末汇率转换为人民币计价）。上市公司市值能够反映该地区市场吸引和培育大企业的能力。

（3）人均上市公司数量。截至年末归属于该地区的海内外上市公司数量与该地区户籍人口总数的比值。地区上市公司数量总数从地区总量反映地区的经济活跃度，而人均上市公司数量则反映了该地区的劳动力效率和劳动力质量。

（4）人均上市公司市值。截至年末归属于该地区的海内外上市公司市值总和与该地区户籍人口总数的比值。与人均上市公司数量类似，人均上市公司市值也是一个地区劳动力效率和劳动力质量的体现。

（5）产业新兴度。截至年末归属于该地区的海内外上市公司所在行业 MB（MB 即市值/账面净资产的值，行业 MB 即该行业所有上市企业的市值总和/账面净资产总和的值）的市值加权均值，因此 MB 能反映资本市场对于企业未来发展潜力的看好程度。通常，国家重点发展的新兴行业 MB 值都更高，如信息技术、医疗保健、消费类行业等。一个地区的行业 MB 均值能够在一定程度上反映该地区的产业结构中新兴产业和传统产业的占比，也反映了地区经济的成长潜力，是判断地区未来经济增长是否有足够动力及营商环境是否能够吸引和培育朝阳产业的重要体现。

城市资本活力指数有三个特点：第一，指标简洁。第二，数据全面可靠。第三，视角独特。

"资本活力指数"与其他评估体系之间的比较及启示如下：

目前，业界和学界评价地区经济发展和营商环境的城市竞争指标主要有地区生产总值、营商环境指数（世界银行）、地区市场化指数（樊纲课题组）和城市政商关系指数（聂辉华课题组），这些指标都得到了媒体广泛的报道和关注，在学界和业界也引起了热烈的反响。但是，这些指标体系也各自存在一些弊端。本文通过表格和文字结合的形式，将以上几个指标体系与"资本活力指数"体系进行对比，并给出相应的分析和建议。

从表1.1中可以看出，各指标体系都存在其特色和弊端。具体而言：1）地区生产总值是最常用且权威的指标，其数据来源可靠，获取成本较低，按年更新，数据覆盖范围及时间跨度都较广，但也存在及时性较差和维度较单一的弊端；2）营商环境指数作为受全球认可的指标，其体系非常全面，获取成本较低，按年更新，数据具有国际可比性，但无法作为国内各地区之间的比较指标；3）市场化指数作为反映地区市场化改革进程的相对关系的权威指数，构造非常精细，得到了学界和业界的高度认可，但存在着数据更新成本较高，因而难以持续观察的问题；4）城市政商关系指数作为反映地区政商关系的创新指标，能够从"亲""清"两个维度反映企业面对的政府环境，但其指标覆盖范围有限，更新难度也较大，目前无法进行长时间序列的观察和比较。

与以上四个指标相比，"资本活力指数"既能够通过上市公司大致反映地区经济发展水平和营商环境质量，又能从多个维度的指标丰富观察的角度。同时，该指数使用的是经审计的上市公司年报数据和统计年鉴数据，来源客观可靠，成本较低，还能够按年度更新，保证了信息的及时性，也能够提供长时间序列观察和比较的机会。

表 1.1 "资本活力指数" 与其他城市评估指标对比

	地区生产总值	营商环境指数	地区市场化指数	政商关系指数	资本活力指数
发布单位	国家/地区统计局	世界银行	樊纲课题组	聂辉华课题组	上交课题组
指标简介	该指标按市场价格计算的一个地区所有常住单位在一定时期内生产活动的最终成果。在实际核算中，地区生产总值有三种计算方法，即生产法、收入法和支出法。三种方法分别从不同的方面反映地区生产总值及其构成。	数据来源于对各国业界专家和政府官员的问卷调查、会议电话、书面反馈和当面访谈。该指标主要包括 11 个一级指标：开办企业、办理施工许可、获得电力、产权登记、获得信贷、保护少数投资者、纳税、跨境贸易、合同执行、破产办理、劳动法。	该指标旨在分析各地区体制改革进程的相对关系。该指数用主因素分析方法构造而成，主要包含五个方面的指标：政府与市场的关系，非国有经济的发展，产品市场的发育程度，要素市场的发育程度，市场中介组织发育程度和法律制度环境。	该指标旨在构建一套分析地区政商关系健康度的评价体系，主要从"亲""清"两个维度分析。"亲"主要包括政府对企业的关心（10%）、政府为企业提供的各类服务（40%）、政府降低企业税费负担（10%）。"清"主要包括政府廉洁（10%）和政府透明（30%）。	该指标以各地区海内外上市公司为样本，使用 1）上市公司数量；2）上市公司总值（3）人均上市公司数量；4）人均上市公司市值；5）产业新兴度等指标。
覆盖范围	全国所有省级、市级、县级区域	全球大部分国家	全国各省自治区、直辖市	中国 285 个城市	全国所有省省级、市级、县级区域
更新频率	每年更新（一般与数据时间间隔一年以上）	每年更新（一般于下一年 6 月进行更新）	现存 2008—2014 年的年度数据，2014 年后不再更新	仅发布 2017 年一年的政商关系指数	每年更新（一般于下一年 5 月年报披露后更新）

（续表）

	地区生产总值	营商环境指数	地区市场化指数	政商关系指数	资本活力指数
指标质量	使用各省市统计局上报的、经核对的统计数据进行计算，数据较为真实客观。将地区生产总值值作为地区经济状况的一种重要反映。	使用各国业界专家和各级政府官员的问卷调查、电话、会议电话、面反馈和当地面访谈数据，部分反馈数据受主观判断的影响。指标体系较全面，涉及企业经营的方方面面，受到广泛认可。	使用各类统计年鉴及各行业协会抽样调查数据，数据来源较为可靠，但指标计算比较复杂。指标体系全面，主要反映地区制度改革的方方面面，得到业界和学界的广泛使用。	使用官方统计资料、第三方评估数据，数及网络爬虫数据，据来源非公开。该指标比较新地创度量了地区的政商关系，主要反映了地企业面对的政府环境。	使用公开披露的、经审计的上市公司数据。上市公司数据可以作为地区经济发展状况和营商环境的重要反映，但会遗漏部分非上市的经济组成部分。
获取渠道	各地区统计年鉴	营商环境官网	《中国市场化指数》	人大国发院网站	课题组定期发布
获取成本	公开数据，无成本	公开数据，无成本	数据更新成本较高	数据更新成本较高	使用上市公司数据，成本较低

为考察"资本活力指数"的有效性，本文也将"资本活力指数"2018 年排名前 10 位的城市与政商关系前 10 位、地区生产总值前 10 位的城市进行了对比，具体名单见表 1.2。

表 1.2　"资本活力指数"与政商关系、地区生产总值前 10 位城市对比

排名	资本活力指数	政商关系指数	地区生产总值
1	深圳	东莞	上海
2	杭州	深圳	北京
3	上海	上海	深圳
4	苏州	北京	广州
5	北京	广州	重庆
6	广州	金华	天津
7	无锡	苏州	苏州
8	武汉	温州	成都
9	南京	邢台	武汉
10	宁波	长沙	杭州

从上表可以看出，"城市资本活力指数"得到的排名前 10 位城市与其他两个指标有一定的重合度，这反映该指数与其他指数反映的内涵有共性。但是，"资本活力指数"也有着与其他指标不同的侧重点，因此结果也与其他两个指标有一定的差异。

综上所述，"资本活力指数"具有数据来源可靠、及时性较强、成本较低和便于更新的优势，且其内涵与其他指标也有一定程度的共性。因此，本文建议采用"资本活力指数"作为持续考察各地区经济发展水平和营商环境质量的指标，为及时改进营商环境提供依据。

但是，本文也认为，资本活力指数仍有扩容空间。作为一个客观间接的预测指标体系，上市公司具有得天独厚的数据公开可得性优势，便

于进行实时监测,有利于评估一个城市的经济发展状况和营商环境。未来通过扩展统计地区(城市)和公司分部(分公司)区域分布状况,提炼企业跨地区(城市)发展状况指标,形成资本活力区域发展一体化(连接度)指数,也有利于考察企业区位对区域协调发展的潜在趋势和发展方向的影响,更好地为相关宏观经济政策制定和营商环境改善等治理难题提供解决方案,对研究一体化状况及产业扩散与区域协调发展等方面具有广阔的应用价值和分析空间。

3. 概念定义与指标解释

本书基于 Compustat、Wind、同花顺、交易所网站等信息渠道,选取 2001—2018 年度归属于各城市的沪深上市公司(主板 + 中小板 + 创业板)及海外上市公司作为研究样本,计算出历年资本活力指数排名情况。在统计分析相关数据时,宏观经济数据和人口数据来自《中国统计年鉴》和各地区地方统计年鉴。表 1.3 和图 1.1 阐释了本报告涉及的相关概念定义、指标体系及特定变量的数据情况。

表 1.3 概念定义

序号	概念	定义说明
1	经济总量前 20 位城市	经济总量前 20 位城市的排名依据为各地统计局公布的 2018 年地区生产总值排名。
2	副省级城市	本书选取的副省级城市范围为中国内地副省级省会城市和计划单列市,不包括直辖市和地级市(以中国民政部网站发布的截至 2018 年 12 月 31 日的中国行政区划列表为依据)。
3	地级市	本书选取的地级市范围为中国内地地级市,不包括直辖市和副省级城市(以中国民政部网站发布的截至 2018 年 12 月 31 日的中国行政区划列表为依据)。

（续表）

序号	概念	定义说明
4	县域	本书选取的县域范围为中国县级行政区，但不包括市辖区、林区、特区以及直辖市管辖的县和自治县（以中国民政部网站发布的截至2018年12月31日的中国行政区划列表为依据）。
5	京津冀区域	本书选取的京津冀区域是依据2016年2月《"十三五"时期京津冀国民经济和社会发展规划》中划定的包括北京、天津以及河北省的保定、唐山、廊坊等在内11个地级市。
6	粤港澳大湾区	本书选取的粤港澳大湾区包括香港特别行政区、澳门特别行政区和广东省的广州、深圳、珠海、佛山、惠州、东莞、中山、江门和肇庆。
7	长三角城市群	本书选取的长三角城市，指的是长三角三省一市所有地级市。
8	上市公司归属地	以某上市公司的注册地/经营地/总部所在地任一地址作为归属地评判指标；若三个地址归属地不尽相同，则按照注册地、经营地、总部所在地的优先顺序进行判断。
9	上市公司数量	截至当年底，各归属地上市公司数量。
10	上市公司总市值	截至当年底，各归属地上市公司市值总和（以人民币计价）。
11	人均上市公司数量	截至当年底，各归属地上市公司总数与该归属地人口（以千万/百万人为单位）的比值（使用2016年各地的户籍人口数进行测算）。
12	人均上市公司市值	截至当年底，各归属地上市公司总市值与该归属地人口的比值（使用2016年各地的户籍人口数进行测算）。
13	产业新兴度	截至当年底，各归属地上市公司所处行业MB的市值加权平均值，反映各归属地上市公司产业分布情况。

注：行业MB系按照Wind数据库。行业分类标准计算出当年度一级行业MB均值（Market-to-Book Ratio，即年末市值和账面净资产比值，该值越高则市场对其未来成长性越看好），以此代表归属地所处行业的未来成长性。

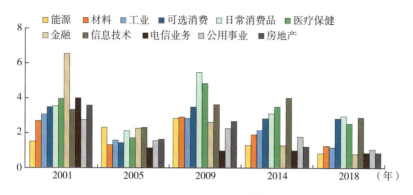

图 1.1　行业 MB 数值

注：资本市场对于各行业的预期也会随着经济形势和产业发展状况的变化而变化。就近五年的情况而言，信息技术、日常消费品和医疗保健行业的市场估值较高，符合目前市场上比较公认的新兴产业，可选消费、材料和工业行业的市场估值次之，能源、金融、电信业务、公用事业和房地产行业市场估值较低。

（三）研究方法与分析路径

1. 研究方法

本书采用文献研究、比较研究、实证研究相结合的方法，不断创新研究方法与思路，致力于围绕城市竞争力进行深入的理论与实践探索，具体为：

（1）文献研究法。城市资本活力指数研究是以产品竞争理论、产业发展理论、内生经济增长理论等作为理论基础，通过阅读大量文献资料，了解国内外关于城市竞争力的研究现状，分析优势和不足，对经济总量前 20 位城市、京津冀、粤港澳、长三角等城市和地区竞争力的前沿动态问题展开讨论。

（2）比较研究法。研究基于 Compustat、Wind、同花顺、交易所网站等信息渠道，选取 2001—2018 年度归属于各城市的内地上市公司（主板＋中小板＋创业板）及海外上市公司作为研究样本，计算出历年中国经济总量前20位城市资本活力指数排名情况，从纵向展示了城市在不同历史阶段的表现。与此同时，从横向比较了经济总量前20位城市的资本规模、资本效率以及产业新兴度，由此认识不同城市资本活力指数的变化情况。

（3）实证研究法。研究在实地调查基础上，依据大量文献资料和网站信息，重点参考了年鉴和政府统计公报等权威渠道的数据资料，对京津冀、粤港澳、长三角等城市的资本活力进行实证检验与统计分析，并根据统计结果，总结了城市竞争力发展的一般规律，同时参照城市资本活力指数，进一步提出了提升城市资本活力的对策建议。

2. 分析路径

本书运用内生经济增长理论、竞争优势理论、要素流动理论等多种理论方法，观察城市资本活力动态发展，结合理论模型与实证分析，探究了不同发展阶段、不同区域城市竞争力的行为表现、发展前景等方面的问题。

城市资本活力指数研究从城市层级（规模）和区域两个维度出发，对不同城市资本活力展开了系统性分析。其中，经济总量前20位城市，涵盖了一二线城市；副省级城市，包括副省级省会市和计划单列市；地级市，包括地级的省会市和其他地级市；县级城市。同时，还有三个按区域编制的城市资本活力指数（长三角、粤港澳和京津冀）。迄今为止，已经公开发布了粤港澳城市资本活力指数、长三角县域资本活力指数和中国地级市资本活力指数。此外，本书还将利用各种机会发布不同层级、不同区域的城市资本活力指数，为城市定位提供重要参考。具体的研究框架如下：

第一章　中国城市资本活力研究报告

第一章是对城市资本活力研究的总体性概述。从研究的时代背景、理论与实践意义出发，认识城市资本活力研究的必要性。同时还对研究中采用的指标体系的设计原则、具体内容、研究方法进行了概括。其后各章分别选取了具有典型代表性的城市作为研究对象，并运用城市资本活力研究指标体系对其进行系统性分析，为城市的准确定位提供了重要参考。

第二章选取了经济总量前 20 位的城市作为分析对象，以各城市的资本规模（上市公司数量和上市公司总市值）、资本效率（人均上市公司数量和人均上市公司市值）、产业新兴度为核心指标，在对比中国经济总量前 20 位城市与全国平均资本活力水平的基础上，计算中国经济总量前 20 位城市的资本活力指数并披露了相关指标排名。该研究旨在对中国经济总量前 20 位城市当前和未来资本活力发展进行合理预测，并提出一定的参考建议。

第三章选取了部分副省级省会和计划单列市作为研究对象，围绕城市的资本规模、资本效率、产业新兴度等指标，在对比副省级省会和计划单列市与全国平均资本活力水平的基础上，计算副省级省会和计划单列市的资本活力指数并披露了相关指标排名。基于此，该研究旨在对副省级省会和计划单列市当前和未来的资本活力发展进行合理研判和预测，并提出一定的参考建议。

第四章选取了地级城市作为研究对象，以城市的资本规模、资本效率、产业新兴度为核心指标，在对比中国地级市与全国平均资本活力水平的基础上，计算中国地级市的资本活力指数并披露了相关指标排名。该研究对中国地级市当前和未来资本活力发展进行合理研判和预测，并提出一定参考建议。

第五章选取了县级城市作为研究对象，围绕城市的资本规模、资本效率、产业新兴度进行系统分析，在对比中国县级城市与全国平均资本活力水平的基础上，计算中国县级城市的资本活力指数并披露了相关指标排名。该研究旨在为中国县级城市定位提供重要数据参考，以引导城市制定适用的发展战略。

第六章以京津冀区域内城市的资本规模、资本效率、产业新兴度为核心指标，在对比京津冀区域内城市与全国（不含港澳台）资本活力水平的基础上，计算了京津冀区域内城市的资本活力指数并披露了相关指标排名。该研究引导京津冀区域内城市认识自身发展现状、明确未来发展方向，强化城市间的相互协作能力。

第七章以粤港澳区域内城市的资本规模、资本效率、产业新兴度为核心指标，在对比粤港澳区域内城市与全国（不含港澳台）资本活力水平的基础上，计算了粤港澳区域内城市的资本活力指数并披露了相关指标排名。该研究引导粤港澳区域内城市明确自身发展优势与劣势，在优势发挥与创新发展中，提升城市的整体竞争力。

第八章以长三角区域内城市的资本规模、资本效率、产业新兴度为核心指标，在对比长三角城市与全国（不含港澳台）资本活力水平的基础上，计算了长三角城市的资本活力指数并披露了相关指标排名。该研究旨在对长三角城市当前和未来的资本活力发展进行合理研判和预测，并提出一定的参考建议。

三、 城市资本活力研究的结果与趋势分析

（一）经济实力：经济 20 强榜单结果与分析

一个城市上市公司的数据是该城市资本活力的重要体现，同时也反

映了城市经济发展的动力和潜力。总体而言，中国经济总量前 20 位城市的资本活力一直在平稳向好发展。首先，中国经济总量前 20 位城市的资本规模不断扩大，且在全国（不含港澳台）的占比逐年上升。2001—2018 年，中国经济总量前 20 位的城市上市公司数量增长了 3.5 倍，目前已占到全国（不含港澳台）的 57.5%；上市公司总市值增长了 15 倍，已占到全国（不含港澳台）的 75%。其次，中国经济总量前 20 位城市的资本效率也明显提升。截至 2018 年，中国经济总量前 20 位城市每百万人上市公司数量已达 14 家，人均上市公司市值已达 25.2 万元，远超全国平均水平。

尽管当前中国经济总量前 20 位城市的产业新兴度并没有与全国平均水平表现出明显差异，但各城市间资本活力发展速度差异显著，产业发展趋势也不完全相同。第一，深圳、上海和北京的资本活力指数综合排名一直具有显著优势，资本规模更大，资本效率也更高，但深圳产业新兴度明显优于上海和北京。第二，杭州、苏州、佛山和无锡的资本活力指数综合排名提升迅速，资本规模和资本效率快速增长，产业新兴度不断改善，但四座城市在产业发展方向上都选择了各不相同的路径。第三，广州、泉州和南通的资本活力指数综合排名实现了平稳增长，资本规模和资本效率显著提升，产业新兴度也在持续提升，形成了各自不同的主打产业。第四，武汉、宁波、长沙、成都和郑州的资本活力指数综合排名没有明显进步，武汉、长沙、成都和郑州都面临着新上市公司不足或已有上市公司规模扩张较慢的问题，宁波则因产业新兴度的改善较慢而限制了综合排名的上升。第五，南京、天津、重庆、青岛和西安的资本活力指数综合排名有明显下降，上市后备力量缺乏和已上市公司发展较慢，是它们共同面临的瓶颈，新兴产业发展空间有限也限制其产业新兴度指标排名的提升。

（二）行政级别：副省级城市、地级市、县域榜单结果与分析

1. 中国副省级城市榜单结果分析

中国副省级城市资本活力一直在平稳向好发展。首先，中国副省级城市的资本规模不断扩大，且在全国（不含港澳台）的占比逐年上升。2001—2018 年，中国副省级城市上市公司数量增长了 2.7 倍，目前已占到全国（不含港澳台）的 28.9%；上市公司总市值增长了 15 倍，占到全国（不含港澳台）的 30.9%。其次，中国副省级城市的资本效率也明显提升，截至 2018 年，中国副省级城市每百万人上市公司数量已达 12 家，人均上市公司市值高达 17.7 万元，远超全国平均水平。此外，中国副省级城市的产业新兴度改善速度略高于全国平均水平。

城市间差异方面，中国各副省级城市资本活力发展速度有所差异，产业发展趋势也不完全相同。首先，深圳和杭州的资本活力指数综合排名一直具有显著优势，资本规模更大，资本效率也更高，产业新兴度改善速度也明显优于其他副省级城市。其次，广州、厦门、宁波和青岛的资本活力指数综合排名提升迅速，资本规模快速增长，资本效率表现则较为稳定。但四座城市在产业发展方向上都选择了不同的路径，产业新兴度改善速度也各有不同。再次，西安、成都、大连和济南的资本活力指数综合排名比较稳定，资本规模和资本效率无显著增长，产业新兴度表现也无显著改善，产业结构上均依赖于传统行业。最后，武汉、南京、沈阳、哈尔滨和长春的资本活力指数综合排名有明显下降，上市后备力量缺乏和已上市公司发展较慢，是它们共同面临的瓶颈，战略性新兴产业发展空间有限，也限制了产业新兴度指标排名的提升。

2. 中国地级市榜单结果分析

中国地级市资本活力一直在平稳向好发展，上市公司规模不断扩大，但依然存在着地区发展不平衡、资本效率有待提升、上市公司数量占比偏低的特点。与全国平均水平相比，地级市的人均上市公司数量和产业新兴度偏低，且人均上市公司数量与全国平均水平之间的差距有拉大的趋势。而就中国地级市总体而言，地级市的地区生产总值占中国内地比重基本维持在 65% ~ 80%，但地级市上市公司数量占中国内地比重尚未达到 50%。截至 2018 年，地级市上市公司数量占内地的比重为 47%，资本发展相对落后于经济水平。地级市上市公司总市值和人均上市公司市值的走势基本一致，即在波动中上升，2018 年略有下降。就产业结构而言，地级市产业新兴度高于全国水平。

从中国地级市资本活力指数排名来看，在上市公司资本规模、资本效率和产业结构三个分析指标及综合指标中，广东省、浙江省和江苏省占据了前 30 位的大部分席位。南方省份由于市场开放早，经济体制较为完善，资本活力相对高于北方。从前 10 位的综合指标排名中可以看出，南方地级市占据了 9 个席位（苏州、泉州、佛山、无锡、珠海、绍兴、福州、长沙和湖州），北方只有 1 个（呼和浩特）。

3. 中国县域榜单结果分析

中国县域经济发展水平相对落后，但资本活力一直在平稳向好发展，上市公司规模不断扩大，但依然存在着地区发展不平衡、产业结构有待提升、上市公司数量占比偏低的特点。与资本活力状况的全国平均水平相比，县域的百万人均上市公司数量增长态势良好，但百万人均上市公司数量与全国平均水平之间的差距有扩大的趋势，人均上市公司市值和产业结构与全国平均水平相似。而就中国县域总体情况而言，2001—2018

年,县域上市公司数量占中国内地的比重尚未达到20%,县域上市公司总市值和人均上市公司市值的走势基本一致:在波动中上升,2018年略有下降。就产业结构而言,2001—2018年这18年间县域产业结构与全国水平呈现"你追我赶"的态势,2018年县域产业结构指标为1.9。

从中国县域资本活力指数排名来看,在上市公司资本规模、资本效率和产业结构三个分析指标及综合指标中,福建省、浙江省和江苏省占据了前30位的大部分席位。南方省份和沿海省份由于较早得益于经济体制改革,县域资源禀赋优于北方县域和中西部地区,资本活力相对较高。从前10位综合指标排名中可以看出,南方县域和沿海县域占据了9个席位(晋江、余姚、德清、江阴、新昌、昆山、惠安、张家港、丹阳),北方只有1个(土默特左旗)。

(三)区域战略:京津冀、粤港澳、长三角榜单结果与分析

1. 京津冀区域榜单结果分析

京津冀区域总体的资本活力基础较好,但与粤港澳大湾区和长三角城市的资本活力仍存在显著差距,且资本活力均衡度较低。总体而言,京津冀区域城市的上市公司数量较少,上市公司平均市值较大。2001—2018年,京津冀区域城市上市公司数量增长了3.8倍,目前占到全国(不含港澳台)的15%;上市公司总市值增长了15.2倍,占全国(不含港澳台)的32%,呈下降趋势。其次,京津冀城市平均资本效率高于全国平均水平,但低于粤港澳大湾区和长三角区域。截至2018年,京津冀城市每百万人上市公司数量为7家,人均上市公司市值为20.5万元,远超全国平均水平,但京津冀城市的产业新兴度及改善速度低于全国平均水平。

城市间差异方面,京津冀各城市资本活力发展速度差异较大,产业

发展趋势差异也较大。首先，石家庄、北京和天津的资本活力指数综合排名一直具有显著优势，资本规模更大，资本效率也更高，但三座城市之间的资本规模和资本效率差异也很大。石家庄在发展新兴产业方面的表现明显优于北京和天津，产业新兴度较落后成为阻碍北京和天津资本活力排名提升的主要原因。其次，廊坊、衡水和秦皇岛的资本活力综合排名提升比较明显，资本规模快速增长，资本效率也有一定程度的改善。产业新兴度方面，衡水和秦皇岛的提升较为明显，廊坊的产业新兴度排名则有所下降。再次，唐山、保定、沧州和张家口的资本活力指数综合排名比较稳定，四座城市的资本规模和资本效率无显著增长，产业新兴度方面的表现则不太一致。最后，邯郸、承德和邢台的资本活力指数综合排名有明显下降，上市后备力量缺乏和已上市公司发展较慢，是它们共同面临的瓶颈。近年来，承德和邯郸的产业新兴度排名有所提升，邢台的产业新兴度排名则显著下降。

2. 粤港澳大湾区榜单结果分析

受益于香港良好的资本市场基础，粤港澳大湾区总体的资本活力基础较好，在全国有着举足轻重的地位。总体而言，粤港澳大湾区城市的资本规模不断平稳增长，但在全国（含港澳）的占比逐年下降。2001—2018 年，粤港澳大湾区城市的上市公司数量增长了 1.5 倍，目前占到全国（含港澳）的 35%；上市公司总市值增长了 4.6 倍，占全国（含港澳）的 35%。其次，受益于香港极高的资本效率，粤港澳大湾区城市的平均资本效率也遥遥领先。截至 2018 年，粤港澳大湾区城市每百万人上市公司数量已达 53 家，人均上市公司市值已达 66.8 万元，远超全国平均水平和其他内地地区的平均水平。此外，粤港澳大湾区城市的产业新兴度及改善速度高于全国平均水平。

城市间差异方面，粤港澳大湾区各城市资本活力发展速度有所差异，产业发展趋势也不完全相同。首先，深圳、香港、珠海和广州的资本活力指数综合排名一直具有显著优势，资本规模更大，资本效率也更高。但在产业新兴度方面，深圳和珠海的产业新兴度改善速度优于广州和香港。其次，东莞和中山的资本活力综合排名提升比较明显，资本规模快速增长，资本效率和产业新兴度也有一定程度的改善。再次，佛山、惠州和澳门的资本活力指数综合排名比较稳定。佛山和惠州的资本规模和资本效率无显著增长，澳门的资本规模和资本效率则有显著提升，但近两年增速放缓使其综合排名再次下降。佛山的产业新兴度表现无显著改善，惠州的产业新兴度表现则较好且有提升，澳门的产业新兴度排名则显著下降。最后，江门和肇庆的资本活力指数综合排名有明显下降，上市后备力量缺乏和已上市公司发展较慢，是它们共同面临的瓶颈。但是，江门和肇庆在产业新兴度方面的表现比较优异。

3. 长三角城市榜单结果分析

长三角是"一带一路"与长江经济带的重要交汇地带，在国家现代化建设大局和全方位开放格局中具有举足轻重的战略地位。总体而言，长三角城市的资本活力一直在平稳发展，但也存在一定的增长和竞争压力。

总体而言，首先，2001—2018年，长三角城市的上市公司资本规模持续增加。从上市公司数量看，长三角城市的上市公司数量从2001年的291家增长至2018年的1505家，增长了4.2倍。从上市公司总市值看，2001—2018年，长三角城市的上市公司总市值略有波动，总体呈现增长的趋势，年均增速达到16.2%。此外，长三角城市上市公司总数量在全国（不含港澳台）的占比持续上升，但上市公司总市值占比走势增长态势不明显，在这 18 年间略有波动。2001—2018 年，长三角城市占全国（不含港澳台）比重最高的年份为 2016 年，占比 27.1%，最低为 2006 年，占比 15.7%。

其次，2001—2018 年，长三角城市的资本效率不断提高，目前依然存在上升空间。人均上市公司数量在 2004 年后已经超过全国（不含港澳台）的平均水平，且差距不断拉大。人均上市公司市值方面，2001 年，长三角城市的人均上市公司市值为 0.5 万元，2018 年为 5.7 万元，增长了 10.4 倍，年均增速达到 15.4%。2008 年，长三角城市的人均上市公司市值略有下降。

城市间差异方面，长三角城市的资本活力存在较大差距，产业发展模式也存在不同。2018 年，长三角城市中，资本活力指数综合排名前 10 位的城市分别是：杭州、苏州、无锡、上海、绍兴、宁波、南京、湖州、台州和合肥。从 2018 年资本活力指数综合排名以及长三角各城市排名的历史演变来看，杭州、无锡和上海在长三角城市中一直处于领先地位，2001—2018 年，三个城市均在前 7 位，综合实力较强。上海作为中国的经济中心，资本市场发达。从资本活力指数相关指标看，上海资本市场基础雄厚，上市公司数量、上市公司总市值和人均上市公司数量始终保持在首位，人均上市公司市值保持在前 2 位，资本规模和资本效率优势明显。杭州在 2018 年资本活力指数综合排名中居于首位，相比浙江其他城市，拥有绝对资本优势。在产业新兴度方面，上海的排名表现相对较弱，杭州作为我国的电商中心，民营经济发达，拥有一批行业龙头企业，无锡的上市公司主要集中于制造业，并且其中一些上市公司已经成为国内行业的领军企业。在长三角城市中，苏州、温州、金华和湖州在资本活力综合排名中具有较为明显的提升。其中，苏州的资本规模不断扩大，资本效率逐渐提高，目前已经成为长三角资本市场的中坚力量。温州资本活力综合排名提升幅度较大，主要得益于上市公司总市值和人均上市公司数量排名的提升。在产业新兴度方面，苏州的信息技术发展迅速，新兴产业表现出良好的发展势头。湖州的产业发展较为多元化，温州和金华则发展出了不同的主导产业。宁波、亳州、常州和嘉兴的资本活力指数综合排名略有波动，但2018年排名与2001年排名相比，差异不大。其中，宁波的发展较为稳定，而嘉兴的发展势头优于常州，亳州的上市公司数量发展则相对迟缓。在产业新兴度方面，宁波和常州的产业结构相对多元，亳州由于只有一家上市公司，产业结构单一。2018年，马鞍山、铜陵、舟山和扬州的资本活力指数综合排名与2001年相比有明显下降。其中，马鞍山在早期的资本活力表现良好，但后期发展不足，逐渐被赶超。在产业新兴度方面，铜陵资本活力指数综合排名的下降最主要是由于产业新兴度排名的大幅下降，舟山则相反，产业新兴度排名阻止了综合排名的进一步下降。扬州逐渐由单一化模式发展为多样化模式。

四、 城市资本活力研究的启示与建议

在城市发展过程中，不同城市可以选择不一样的发展路径，没有绝对正确的方法和路径，更多的是基于本地资源禀赋、周边产业配套基础、本地劳动力结构等做出因地制宜的选择。但是，城市在现代化发展中普遍面临资金和人才资源不足、产业结构不合理、盲目的引进政策、政府对企业扶持不足或者过多干涉等方面的问题。本书旨在通过分析城市资本规模、资本效率与产业新兴度，为城市发展树立明确的定位，从而为

城市提升竞争力提供一些参考建议。

（一）实施区域协同发展战略，提升城市群总体竞争力

从全国来看，区域内、区域间的城市发展水平、发展速度均存在显著差异，城市发展不平衡、不协调的矛盾突出。通过分析经济总量前 20 位城市的资本活力指数，我们可以认识到尽管城市在整体发展上差别不大，但是，东部城市资本活力指数远高于西部城市，东西部城市竞争力差距较大。对此，为促进各城市整体竞争力的提升，缩小区域间发展差距，实施区域内经济协同发展战略成为新时期城市发展的重要选择。

从长三角、京津冀、粤港澳三个区域的经济发展来看，城市间的相互协作和优势互补，极大拓展了区域发展空间。通过发挥中心城市的辐射带动作用，周边城市快速发展，进而实现了产业在区域间的优化布局，使周边城市的竞争力显著提升。从长三角、京津冀、粤港澳三个地区经济发展实际情况来看，区域协同发展的均衡度有待进一步改善，即区域发展不可避免地存在聚集效应，但是在享受规模经济带来的好处同时，还应当考虑区域内的发展均衡问题。

对于欠发达城市，需要帮助其发挥地理、自然资源或生态环境方面的优势，发展特色产业，并增加对欠发达地区的教育投入，提升其劳动力质量。同时，加强区域内核心城市的治理水平和公共设施的供给，以吸纳更多欠发达城市的劳动力，在发挥大城市规模效应的同时，进一步解决欠发达城市劳动力的就业问题。妥善处理好区域内城市间的合作关系，在中心辐射带动周边有效支撑的城市经济发展模式中，加快推进区域一体化进程。

（二）打造创新生态系统，关注上市后备力量，吸引更多新创公司入驻

创新生态系统和新创公司相辅相成，是上市公司和城市经济的源头活水。创新生态系统的形成，与包括创投、政府、大学和研究机构、服务机构、环境和基础设施等因素的综合作用有关，任何一个因素成为短板，创新生态系统就无法真正形成，或不能发挥有效作用。新创公司是创新生态中的主体，其数量和质量决定着一个城市创新发展的潜力，也决定着未来上市公司的数量和质量，应当引起当地政府的高度关注并加大相关资源投入，积极打造创新生态系统。部分城市上市公司经济活力不足和缺乏行业龙头，是城市资本活力不足的两大原因。未来，应积极构造良好的营商环境，扶持和激励地方经济发展，培育更多的本地上市后备力量。同时，也应大力培育创新型领军企业，力争培育"瞪羚"企业、"独角兽"企业和"隐形冠军"企业。落实好科技型企业培育工程，壮大科技型中小微企业队伍和高新技术企业，鼓励企业上市融资并搭建企业上市保障通道，利用资本市场发挥企业价值，促进地方经济发展。"有求必应、无事不扰"应通过制度固定下来，对于已有上市企业，走访了解企业发展状况和难题，提供相应资源和支持，并关注潜在风险（如市值崩盘和注册地迁移），帮助本地品牌实现稳步发展，实现资本规模维度（上市公司数量和总市值）的同步提升。

（三）发挥地方人才优势，引进、培养和留住优质人才

科教文卫等公共产品供给水平的提高，将在长期内改善城市内生产要素供给条件，特别是有利于提高劳动力的素质和传播科技、管理知识，

从而有利于城市经济的可持续发展。对于人才储备较为匮乏的城市，人才产出效率有待优化，人才结构仍需完善，应关注教育保障，进一步加强高科技人才的培养和引进，加大优秀院校本科校区的引进力度，充分发挥已有高校和潜在教育资源的培育力量，进一步关心中高端人才培养，为未来经济发展注入强大活力。还应构建良好的城市生活环境，维持现有的高端人才补助政策，加快人才公寓的分配速度，通过改善民生服务、提高生活质量、柔性差异化人才政策等多种手段，特别是在人才公寓、子女入学、医疗保障和创业融资、科研配套、团队支持等方面，形成完备周全的服务体系，吸引和留住优质人才。同时，除了重视南北方干部交流等"移官"措施的作用，更要注重用好在外的家乡客商，为他们报效乡土搭建平台、创造契机。

（四）协同优化产业结构，积极关注科创板动向及资本市场发展趋势

城市开放、共享度也会间接影响城市资本活力指数。诸如在对经济总量前20位城市资本活力指数的分析中发现，东部沿海地区城市服务能力发展迅速，而内陆地区城市对资源的吸引力严重不足，难以实现城市经济的快速增长。对此，城市在挖掘自身资源禀赋的同时，需要打破区域间的贸易壁垒，加强与其他城市的分工合作，实现城市间的优势互补，实现自由的贸易往来。对于资本规模增长乏力的城市，可使用多重手段招商引资，拓宽招商引资渠道，吸引外来资金进入城市，扩充城市的资本规模。在新兴产业发展前期，政府可以通过直接或间接方式扶持新兴产业。如，直接注资，提倡银行放宽贷款门槛，发布更多优惠政策吸引外资进入。通过设立产业园、孵化器以及创新小镇等形式吸引企业入驻。

同时，出台政策鼓励更多的企业通过上市进行多渠道融资，扩大资本规模，壮大资本市场。地方政府应制定相应的科创扶持政策，加大研发力度，搭建创业孵化园，鼓励战略新兴产业创新创业。支持建设一批产业链协同融合、开放共享的公共研发服务平台。更好地发挥大学、科研机构对企业创新和产业升级的引领和推动作用。积极关注科创板和资本市场动向，及时获取并传递市场中有价值的信息，鼓励现有战略新兴产业企业上市，利用资本市场和金融力量促进当地新兴产业更高质量发展。

第二章

中国经济总量前 20 位城市
资本活力指数报告

一、 中国经济总量前 20 位城市总体状况

（一）中国经济总量前 20 位城市介绍

地区生产总值是度量地区经济发展程度的重要指标之一。2018 年中国地区生产总值排名前 20 位的城市分别是上海、北京、深圳、广州、重庆、天津、苏州、成都、武汉、杭州、南京、青岛、无锡、长沙、宁波、郑州、佛山、泉州、南通和西安（图 2.1）。在改革开放四十余年的历史进程中，这些城市受益于政策扶持、地理位置、外商投资等诸多因素而飞速发展，取得了非凡的成就，以全国 2% 左右的土地占比，聚集了全国 20% 的人口，贡献了全国 35% 的 GDP。

2018 年地区生产总值排名前 20 位的城市，除 4 个直辖市外，分布于 10 个省份。在这 10 个省份中，有 8 个省的省会都进入了前 20 位，山东和福建进入名单的城市为青岛和泉州。省会城市在经济发展过程中具有绝对优势，但不同省份的省会职能也不完全相同。从地理位置看，沿海地区在经济总量前 20 位城市中的占比有明显优势，且长三角地区表现尤为突出，7 个城市进入了前 20 位。

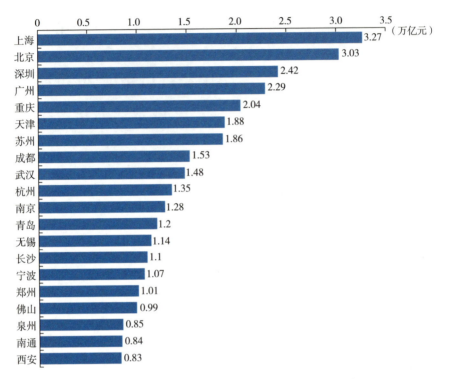

图 2.1　中国经济总量前 20 位城市的地区生产总值

（二）典型城市及上市公司介绍①

1. 深圳

深圳是广东省省辖市，国家副省级计划单列市。1979 年，中央和广东省政府决定设立深圳市。1980 年 8 月，全国人大常委会批准在深圳设置经济特区。深圳的经济特区发展史虽只有 30 多年，却拥有着 6 700 多

---

① 典型城市依据 2018 年资本活力综合排名的领先城市选出（以前章节已介绍过的城市不再介绍，按资本活力综合排名往后顺延），各城市文字介绍来源于各地方政府官网，各公司文字介绍来源于 Wind 数据库。

年的人类活动史、1 700 多年的郡县史、600 多年的南头城史和大鹏城史，以及 300 多年的客家人移民史。

深圳地处珠江三角洲前沿，全市面积 1 997.47 平方千米，海洋水域总面积 1 145 平方千米。深圳下辖 9 个行政区和 1 个新区（福田区、罗湖区、盐田区、南山区、宝安区、龙岗区、龙华区、坪山区、光明区和大鹏新区）。

深圳是连接香港和内地的纽带和桥梁，在我国的制度创新、扩大开放等方面肩负着试验和示范的重要使命，在高新技术产业、金融服务、外贸出口、海洋运输、创意文化等多方面占有重要地位。2018 年，深圳 GDP 突破 2.4 万亿元，同比增长 7.6%，经济总量居亚洲城市前 5 位；居民人均可支配收入增长 8.7%。深圳建市后人口增长迅速，截至 2018 年末，其常住人口 1 302.66 万人，其中常住户籍人口 454.70 万人，占常住人口比重为 34.9%。

改革开放政策加之特殊的地缘环境，造就了深圳文化的开放性、包容性、创新性，使其成为新兴的移民城市，形成独特的移民文化。近年来，深圳相继被评选为中国"最具经济活力城市""最具创新力的城市""最受农民工欢迎的城市"，是最适宜海内外英才创业拓展的活力之都。

表 2.1　深圳市值排名前 5 位的上市公司介绍

证券代码	公司简称	上市地点	简介
00700.HK	腾讯控股	香港	腾讯是目前中国最大的互联网综合服务提供商之一，也是中国服务用户最多的互联网企业之一。腾讯把为用户提供"一站式在线生活服务"作为战略目标，提供互联网增值服务、网络广告服务和电子商务服务。

（续表）

证券代码	公司简称	上市地点	简介
601318.SH	中国平安	上海	中国平安诞生于深圳蛇口，是中国第一家股份制保险企业，至今已发展成融保险、银行、投资三大主营业务为一体、核心金融与互联网金融业务并行发展的个人金融生活服务集团。
600036.SH	招商银行	上海	招商银行是中国境内第一家完全由企业法人持股的股份制商业银行、国家从体制外推动银行业改革的第一家试点银行，也是一家拥有商业银行、金融租赁、基金管理、人寿保险、境外投行等金融牌照的银行集团。
03333.HK	中国恒大	香港	中国恒大是中国标准化运营的精品地产领导者，项目遍布中国各大城市。集团凭借规模优势、强大的品牌优势，以及具有前瞻视野的领导团队，成为首屈一指且规模最大的住宅物业开发商。
000002.SZ	万科 A	深圳	万科成立于 1984 年，1988 年进入房地产行业，经过 30 余年的发展，已成为国内领先的城市配套服务商，公司业务聚焦全国经济最具活力的三大经济圈及中西部重点城市。

2. 杭州

杭州是华夏文明的发祥地，也是中国著名的七大古都之一，以"东南名郡"著称。杭州也是浙江省省会和经济、文化、科教中心，长江三角洲中心城市，重要的风景旅游城市，首批国家历史文化名城。杭州地处长江三角洲南翼，杭州湾西端，是"丝绸之路经济带"和"21 世纪海上丝绸之路"的延伸交点，以及"网上丝绸之路"战略枢纽城市。

杭州市辖上城、下城、江干、拱墅、西湖、滨江、萧山、余杭、富阳、临安 10 个区，建德 1 个县级市，桐庐、淳安 2 个县。全市土地面积 16 850 平方千米（根据杭州市第二次土地调查），其中市区面积 8 289 平方千米。2018 年末，杭州常住人口 980.6 万人，城镇化率 77.4%；全市户籍人口 774.1 万人，比 2017 年末增加 20.2 万人。

　　2018 年，杭州经济平稳健康发展，实现地区生产总值 13 509 亿元，增长 6.7%，高于全国增速 0.1%。杭州常住人口人均 GDP 达 14.02 万元，按年均汇率折算，为 21 184 美元，在副省级以上城市中居第 4 位。2018 年，杭州经济总量位居全国省会城市第 4 位（次于广州、成都、武汉），副省级城市第 5 位（次于广州、深圳、成都、武汉），全国大中城市第 10 位。近年来，杭州获最具国际影响力十大城市、中国十大创新城市、中国十大智慧城市、全球 15 个旅游最佳实践样本城市、福布斯中国大陆最佳商业城市等殊荣，是全国唯一连续 12 年获得"中国最具幸福感城市"桂冠的城市。

表 2.2　杭州市值排名前 5 位的上市公司介绍

证券代码	公司简称	上市地点	简介
BABA. N	阿里巴巴	美国	阿里巴巴集团是中国最大的电子商务企业。集团经营多个领先的网上及移动平台，旗下业务有：阿里巴巴国际交易市场、1688、全球速卖通、淘宝网、天猫、聚划算、一淘、阿里云计算、支付宝。
002415. SZ	海康威视	深圳	海康威视是领先的视频产品和内容服务提供商，面向全球提供领先的视频产品、专业的行业解决方案与内容服务。公司积极布局新兴市场和新兴业务，基于互联网推出了面向家庭和小微企业的相关产品及云服务平台；进入智能制造领域，推出了一系列机器视觉产品及解决方案。
02016. HK	浙商银行	香港	浙商银行是唯一一家总部设在浙江的全国性股份制商业银行，以全资产经营战略为导向，业务快速增长、运营稳健高效、资产质量优良。其业务主要位于华东地区（包括浙江、江苏与上海）。该银行目前经营的主要业务为公司银行业务、零售银行业务及资金业务。

(续表)

证券代码	公司简称	上市地点	简介
600023.SH	浙能电力	上海	浙能电力作为浙江能源集团有限公司电力主业资产整体运营平台，主要从事火力发电业务，辅以提供热力产品，以及对核电的投资。公司整合了浙能集团下属火力发电、天然气发电、燃油发电、核电等电力主业资产，承继了浙能集团保证浙江电力供应安全的重任。
002493.SZ	荣盛石化	深圳	荣盛石化是全国大型的直纺涤纶长丝生产企业，主要从事 PTA（精对苯二甲酸）、聚酯纤维相关产品的生产和销售，是全国石化–化纤行业龙头企业之一。经过十多年的积累，目前荣盛聚酯及纺丝、加弹配套项目的生产规模、原料单耗及产品质量均处于国内同行的前列，综合能耗处于国际先进水平。

3. 上海

上海位于中国南北海岸线中部，交通便利，腹地广阔，是良好的江海港口，自明代以来便成为全国棉纺织手工业中心，清代已成为商贾云集的繁华港口。1949 年 10 月 1 日，中华人民共和国成立，为上海的发展揭开了新篇章，上海的经济和社会面貌发生了巨大变化。特别是 1978 年以来，上海不断扩大开放，深化改革，率先走出一条具有特大城市特点的科学发展之路。

2017 年末，上海全市土地面积为 6 340.5 平方千米，占全国总面积的 0.06%。境内辖崇明、长兴、横沙三个岛屿，其中崇明岛是中国的第三大岛。1949 年末，上海划分为 20 个市区和 10 个郊区，后经多次行政区划调整和撤县建区，至 2017 年末，上海有 16 个区，共 105 个街道、107 个镇、2 个乡。由于大量人口迁入和外来流动人口增长迅速，上海人口总量呈集聚和不断扩大趋势。2017 年末，全市常住人口 2 418.33 万人，其中外来常住人口 972.68 万人，户籍常住人口 1 445.65 万人。

2017 年，上海按照当好全国改革开放排头兵、创新发展先行者的要求，创新驱动发展、经济转型升级成效进一步显现，民生保障持续加强。全市实现 GDP 3 万亿元，按可比价格计算，比上年增长 6.9%；人均 GDP 达到 18 450 美元，比上年增长 5.1%，相当于世界中等发达国家或地区的水平。上海肩负着面向世界、推动长三角地区一体化和长江经济带发展的重任，在全国经济建设和社会发展中具有十分重要的地位和作用。土地面积仅占全国 0.06% 的上海，完成的生产总值占全国的比重为 3.6%，关区进出口商品总额占全国的比重为 21.5%。

表2.3　上海市值排名前 5 位的上市公司介绍

证券代码	公司简称	上市地点	简介
601328.SH	交通银行	上海	交通银行是中国第一家全国性的国有股份制商业银行，总行设在上海。交通银行是中国主要金融服务供应商之一，业务范围涵盖了商业银行、证券、信托、金融租赁、基金管理、保险、离岸等综合性金融服务。
600104.SH	上汽集团	上海	上汽集团属于汽车制造行业，公司主要业务包括整车的研发、生产和销售，集团正积极推进新能源汽车、互联网汽车的商业化，并开展智能驾驶等技术研究和产业化探索；零部件的研发、生产、销售；物流、汽车电商、出行服务、节能和充电服务等汽车服务贸易业务。
600000.SH	浦发银行	上海	浦发银行是 1999 年上市的全国性股份制商业银行。近年来，浦发银行加快国际化、综合化经营发展，以香港、新加坡分行开业，伦敦代表处、浦银国际成立为标志，迈出国际化经营的实质性步伐。

（续表）

证券代码	公司简称	上市地点	简介
601601. SH	中国太保	上海	中国太保是在中国太平洋保险公司的基础上组建而成的保险集团公司，总部设在上海。公司专注保险主业，围绕保险主业链条不断丰富经营范围，目前已经实现了寿险、产险、养老险、健康险、农险和资产管理的全保险牌照布局，各业务板块共享发展。
PDD. O	拼多多	美国	拼多多是一家控股公司，主要通过其中国子公司、VIE（可变利益实体）及其附属公司开展业务，提供一个创新和快速发展的新电子商务平台，为买家提供物超所值的商品和有趣的互动购物体验。

4. 北京

北京，简称"京"，是中华人民共和国的首都，是全国的政治和文化中心，也是世界著名古都和现代化国际城市。北京地处华北大平原的北部，东面与天津毗连，其余均与河北相邻。

北京市土地面积 16 410.54 平方千米，全市共辖 16 个区。2018 年末全市常住人口 2 154.2 万人，比上年末减少 16.5 万人。其中，常住外来人口 764.6 万人，占常住人口的比重为 35.5%。常住人口中，城镇人口 1 863.4万人，占常住人口的比重为 86.5%。2010 年第六次全国人口普查数据显示，北京全市人口中拥有所有 56 个民族，除汉族外，排在前 5 位的是满族、回族、蒙古族、朝鲜族和土家族。

初步核算，2018 年北京全年实现地区生产总值 30 320 亿元，按可比价格计算，比上年增长 6.6%。其中，第一产业增加值 118.7 亿元，下降 2.3%；第二产业增加值 5 647.7 亿元，增长 4.2%；第三产业增加值 24 553.6亿元，增长 7.3%。三次产业构成由上年的 0.4∶19.0∶80.6 变化为

0.4：18.6：81.0。按常住人口计算，全市人均 GDP 为 14 万元。

表2.4 北京市值排名前 5 位的上市公司介绍

证券代码	公司简称	上市地点	简介
601398. SH	工商银行	上海	工商银行是中国最大的商业银行之一，已经迈入世界领先的大银行之列，拥有优质的客户基础、多元的业务结构、强劲的创新能力和市场竞争力，向全球公司客户和个人客户提供广泛的金融产品和服务。
601939. SH	建设银行	上海	建设银行成立于 1954 年，总部设在北京。公司与众多支撑和引领中国经济发展的优质企业和大量高端客户保持密切合作关系，秉承"以客户为中心、以市场为导向"的经营理念，加快向综合性银行集团、多功能服务、集约化发展、创新银行、智慧银行五个方向转型。
601857. SH	中国石油	上海	中国石油是在中国油气行业占主导地位的最大的油气生产和销售商，是中国销售收入最大的公司之一，也是世界最大的石油公司之一。公司致力于发展成为具有较强竞争力的国际能源公司，成为全球石油石化产品重要的生产和销售商之一。
601288. SH	农业银行	上海	农业银行是中国主要的综合性金融服务提供商之一。公司凭借全面的业务组合、庞大的分销网络和领先的技术平台，向广大客户提供各种公司银行、零售银行产品和服务，同时开展金融市场业务及资产管理业务，业务范围还涵盖投资银行、基金管理、金融租赁、人寿保险等领域。
601988. SH	中国银行	上海	中国银行是中国国际化和多元化程度最高的银行，在中国内地及 51 个国家和地区为客户提供全面的金融服务。其主要经营商业银行业务，包括公司金融业务、个人金融业务和金融市场业务，并通过全资子公司开展投资银行业务、保险业务、直接投资和投资管理业务、基金管理业务和飞机租赁业务。

5. 苏州

苏州城始建于公元前 514 年，距今已有 2 500 多年历史，目前仍坐落在春秋时代的位置上，基本保持着"水陆并行、河街相邻"的双棋盘格局，以"小桥流水、粉墙黛瓦、史迹名园"为独特风貌，是全国首批 24 个历史文化名城之一。全市现有文物保护单位 831 处，其中国家级 59 处，省级 112 处。

苏州位于长江三角洲中部，江苏东南部，东傍上海，南接浙江，西抱太湖，北依长江，总面积 8 657.32 平方千米。苏州全市地势低平，境内河流纵横，湖泊众多，太湖水面绝大部分在苏州境内，河流、湖泊、滩涂面积占全市土地面积的 36.6%，是著名的江南水乡。2018 年末，全市共有 52 个镇、40 个街道、1 180 个居委会、1 025 个村委会。2018 年年末全市常住人口 1 072.17 万人，其中城镇人口 815.39 万人。全市户籍人口 703.55 万人，户籍人口出生率 9.82‰，户籍人口自然增长率 2.79‰。

2018 年，苏州全市实现地区生产总值 1.86 万亿元，按可比价计算，比上年增长 6.8%。全年实现一般公共预算收入 2 119.99 亿元，比上年增长 11.1%。其中税收收入 1 929.5 亿元，增长 15.3%，占一般公共预算收入的比重达 91%。全年一般公共预算支出 1 952.8 亿元，比上年增长 10.2%。其中城乡公共服务支出 1 483 亿元，占一般公共预算支出的比重达 75.9%。全市服务业增加值占地区生产总值的比重达到 50.8%。实现制造业新兴产业产值 1.73 万亿元，占规模以上工业总产值比重达 52.4%，比上年提高 1.6 个百分点。先导产业加快发展。新一代信息技术、生物医药、纳米技术、人工智能四大先导产业产值占规模以上工业总产值的比重达 15.7%。同时，苏州还是国家首批服务型制造示范城市。

表 2.5 苏州市值排名前 5 位的上市公司介绍

证券代码	公司简称	上市地点	简介
601360.SH	三六零	上海	三六零是中国领先的互联网和手机安全产品及服务供应商。公司主要从事互联网技术（特别是互联网安全技术）的研发及网络安全产品的设计、研发、运营，以及基于网络安全产品的互联网广告及服务、互联网增值服务、智能硬件业务等商业化服务。
600487.SH	亨通光电	上海	亨通光电专注在通信网络和能源互联两大领域为客户创造价值，提供行业领先的产品与解决方案，公司具备集设计、研发、制造、销售与服务于一体的综合能力，并通过全球化产业与营销网络布局，致力于成为全球领先的通信网络和能源互联综合解决方案提供商。
002450.SZ	康得新	深圳	康得新作为一家材料高科技企业，主要从事先进高分子材料的研发、生产和销售，包括新材料（预涂材料、光电材料），智能显示［3D、SR（混合现实）、大屏触控］和碳材料（碳纤维及碳纤维复合材料）。
01801.HK	信达生物	香港	信达生物的使命是创立一家世界级的中国生物制药公司，开发并商业化老百姓能买得起的优质药物。公司致力于为中国生物药物市场的药品开发做出创新，且已为本公司业务和运营的各个方面制定了全球质量标准。
00780.HK	同程艺龙	香港	同程艺龙由同程网络与艺龙旅行网合并而成。自同程与艺龙各自开创以来，双方一直居于市场发展的最前沿，并一直持续革新其业务模式以把握行业及技术演进带来的增长机遇。公司已开发多种旅游相关附属产品及服务，旨在满足传统旅游产品未触及的用户需求。

二、 中国经济总量前20位城市资本活力总体状况

（一）资本规模

中国经济总量前20位城市的上市公司数量实现了快速增长，从2001年的582家增长至2018年的2 639家，增长了3.5倍，年均增速9.3%，增长态势良好（图2.2）。中国经济总量前20位城市上市公司数量在全国（不含港澳台）所占的比重也在平稳增长，目前已达到57.5%（图2.3）。

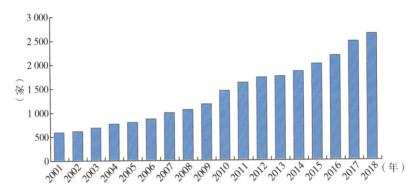

图2.2　中国经济总量前20位城市上市公司数量

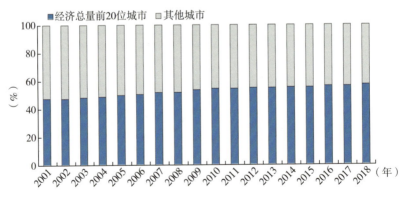

图2.3　中国经济总量前20位城市上市公司数量占全国
（不含港澳台）比重

中国经济总量前 20 位城市的上市公司总市值也呈现波动增长的趋势，从 2001 年的 3.0 万亿元增长至 2018 年的 47.7 万亿元，增长了 15 倍，年均增速 17.6%。具体来看，2007 年被称为中国证券市场的裂变之年①，也是证券市场高速扩容之年，经济总量前 20 位城市上市公司总市值达到第一个高峰。2008 年，由于整个证券市场陷入寒冬，经济总量前 20 位城市上市公司总市值也从 32.6 万亿元降到 12.6 万亿元，此后又逐渐回暖，总体在波动中上升（图 2.4）。中国经济总量前 20 位城市总市值在内地全体城市总市值的占比也有显著增长，但 2006 年以后趋于稳定，约为 75%（图 2.5）。

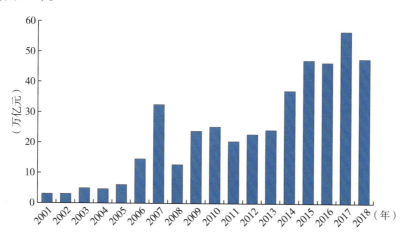

图 2.4 中国经济总量前 20 位城市上市公司总市值

（二）资本效率

中国经济总量前 20 位城市的人均上市公司数量增长十分迅猛，从

---

① 搜狐财经：《2007 年中国上市公司市值年度报告》，2008 年 1 月 10 日，http：//business. sohu. com/20080110/n254567140. shtm。

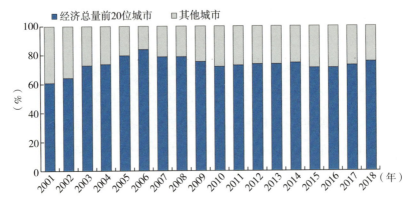

图2.5　中国经济总量前20位城市上市公司总市值占全国
（不含港澳台）比重

2001年的每百万人3家增长至2018年的每百万人14家，增长了3.7倍。经济总量前20位城市的人均上市公司数量比全国平均水平要高，且差距在逐年扩大。2001年，经济总量前20位城市的每百万人均上市公司数量是全国平均水平的3.23倍；而到了2018年，这一数值已经扩大到4.18倍（图2.6）。

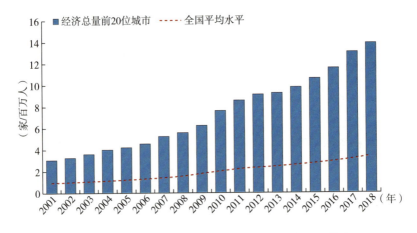

图2.6　中国经济总量前20位城市人均上市公司数量

中国经济总量前 20 位城市的人均上市公司市值也领先于全国平均水平,且优势逐步扩大。经济总量前 20 位城市的人均上市公司市值从 2001 年的 1.6 万元/人到 2018 年的 25.2 万元/人,增长了 15 倍(图 2.7)。截至 2018 年,中国经济总量前 20 位城市的人均上市公司市值已经超过全国平均水平的 4.5 倍。

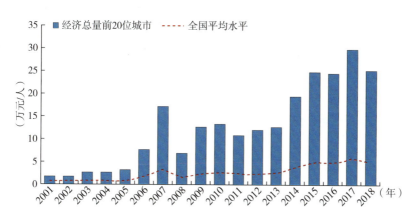

图 2.7 中国经济总量前 20 位城市人均上市公司市值

(三)产业新兴度

产业新兴度指标由市场对不同行业的估值度量,因此随市场基本面的波动而波动。总体而言,中国经济总量前 20 位城市的产业新兴度平均水平与全国水平相差无几,这反映我国经济发达地区与欠发达地区上市公司总体产业结构较为类似(图 2.8)。

三、 中国经济总量前 20 位城市资本活力指数排名分析

中国经济总量前 20 位城市资本活力指数排名中,排名前 3 位的城市

图2.8 中国经济总量前20位城市产业新兴度

为深圳、杭州和上海,这3座城市在资本规模和资本效率方面都有显著优势。在20座城市中,深圳、杭州、苏州、佛山、无锡、武汉、南京、宁波、长沙、泉州、南通和西安的资本活力指数综合排名优于城市的GDP排名,表明了这些城市上市公司的发展优于城市经济发展,资本助力实体经济的程度更高(表2.6)。

表2.6 中国经济总量前20位城市资本活力指数综合得分排行榜

资本活力指数排名	省/直辖市	市	GDP排名
1	广东	深圳	3
2	浙江	杭州	10
3	上海	上海	1
4	江苏	苏州	7
5	北京	北京	2
6	广东	广州	4

（续表）

资本活力指数排名	省/直辖市	市	GDP 排名
7	江苏	无锡	13
8	湖北	武汉	9
9	江苏	南京	11
10	浙江	宁波	15
11	湖南	长沙	14
12	广东	佛山	17
13	四川	成都	8
14	福建	泉州	18
15	天津	天津	6
16	重庆	重庆	5
17	山东	青岛	12
18	江苏	南通	19
19	陕西	西安	20
20	河南	郑州	16

（一）排名领先的城市：深圳、上海和北京

从资本活力指数综合排名的历史演变看，深圳、上海和北京一直具有显著优势，综合排名一直保持前列。这 3 座城市的资本规模排名始终保持在前 3 位，资本效率的排名也始终保持在前 4 位（图 2.9）。北京作为各类央企和国企的"根据地"，2018 年末其上市公司数量已突破 500 家，总市值已突破 19 万亿元，在资本规模指标上排名第 1 位。上海作为我国的金融中心，其上市公司数量也已突破 400 家，总市值已超过 6 万亿元。深圳作为创业创新城市的代表，上市公司数量也有近 400 家，总市值达到

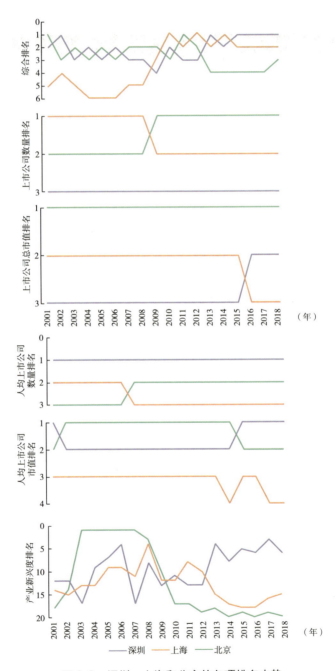

图 2.9 深圳、上海和北京的各项排名走势

8.7 万亿元，超过此前领先的上海。与北京和上海相比，深圳的资本规模虽没有明显优势，但在资本效率和产业新兴度提升方面的优势，使其资本活力综合排名不断上升，超过了北京和上海。

在产业结构（图 2.10）方面，深圳形成了以估值较高的信息技术行

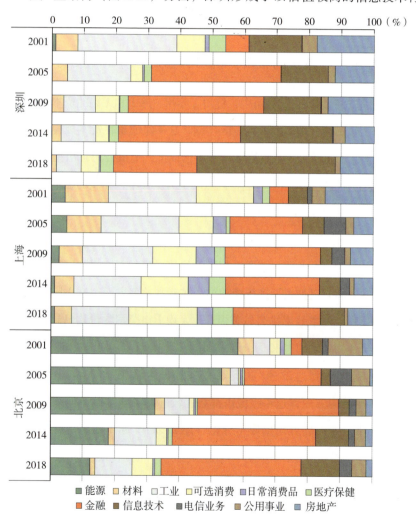

图 2.10 深圳、上海和北京产业市值分布

业为主、金融行业为辅、其他行业多元发展的结构特点。北京形成了金融行业绝对主导、其他传统行业多元发展、估值较高的新兴行业占比很小的结构特点。上海则形成了金融行业、消费类行业和传统工业齐头并进的产业结构特点。3座城市在产业发展方向上的差异，导致"深圳产业新兴度最高、北京最低、上海居中"的局面。

（二）排名上升较快的城市：杭州、苏州、佛山和无锡

在经济总量前20位的城市中，杭州、苏州、佛山和无锡的资本活力综合排名提升比较迅速（图2.11）。在18年间，这4座城市在资本规模方面都有了显著提升，其上市公司数量均增长了5倍以上，上市公司总市值也都增长了10倍以上，这使资本规模排名得以显著上升。其中，苏州的上市公司数量增长了13倍，年均增速17.2%；杭州的上市公司总市值则增长了55倍，年均增速26.8%。可以看到，不同城市选择的资本活力发展路径也不同，苏州因源源不断的新上市企业获得了资本规模的快速发展，而杭州则以阿里巴巴这样的龙头企业将自己推上了排行榜前列。在资本效率方面，这4座城市也实现了快速发展，资本效率排名显著提升，人均上市公司数量均已超过10家/百万人，人均市值均超过10万元/人。其中，杭州在资本效率方面表现最优，其人均上市公司数量达22家/百万人，人均市值达54万元/人。

在产业结构方面，这4座城市都有比较好的工业基础，但在后续发展中，各城市产业发展方向出现了分化（图2.12）。苏州在丰富行业多元化程度的同时，选择了以信息技术行业为主导，降低传统工业依赖度的产业结构发展方向。杭州则以自身良好的消费行业基础为起点，培育消费行业龙头企业，打造自己的特色产业。无锡的上市公司行业种类变化不大，但是市值分布越来越均衡，形成了传统工业、可选消费行业和医疗

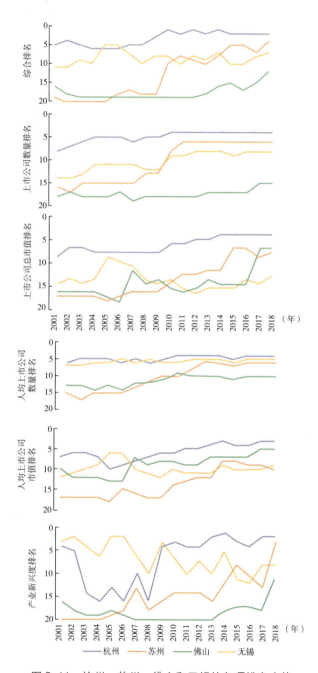

图 2.11　杭州、苏州、佛山和无锡的各项排名走势

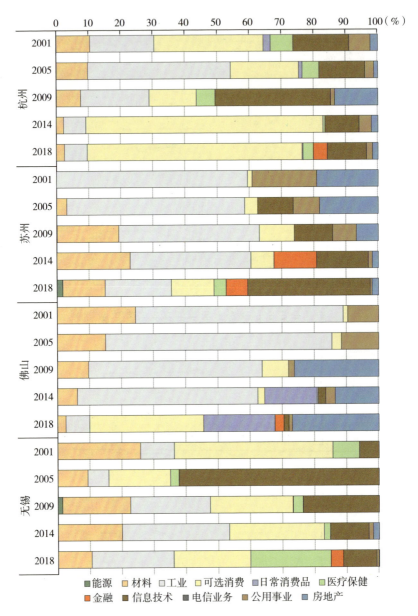

图 2.12 杭州、苏州、佛山和无锡产业市值分布

保健行业共同发展的结构特点，且医疗保健行业发展势头迅猛。佛山早年上市公司较少，在发展过程中培育了不少以家电行业为代表的消费类知名品牌，现已形成以消费类行业为主导、房地产行业为辅的产业结构。

（三）排名小幅上升的城市：广州、泉州和南通

在经济总量前20位的城市中，广州、泉州和南通的资本活力综合排名实现了平稳增长（图2.13）。这3座城市在资本规模方面都实现了快速增长，上市公司数量都增长了5倍以上，上市公司总市值增长了13倍以上。截至2018年，广州的上市公司数量和上市公司总市值均上升至20座城市中的第5位，泉州和南通因起始规模太小，与领先城市仍有很大的差距，因而资本规模排名始终较低。资本效率方面，广州和泉州的排名有所提升，南通的资本效率排名没有太大变化。

产业结构（图2.14）方面，泉州表现十分优异，位列20座城市中的首位。早期，泉州上市公司较少，产业结构比较单一，但市场估值较高的日常消费品行业一直是泉州的优势行业。在此基础上，泉州发展出以消费类行业为绝对主导、信息技术行业快速发展的产业结构特点。南通的产业结构一直都保持着信息技术行业与传统材料、工业并重的结构特点，在此基础上，南通的医疗保健业也快速发展，提升了南通的产业结构排名。广州近年来增长较快的是可选消费行业，但广州的特色主打产业不是很明显，这使其产业新兴度排名落后于其他城市。

（四）排名无明显变化的城市：武汉、宁波、长沙、成都和郑州

在经济总量前20位的城市中，武汉、宁波、长沙、成都和郑州的资

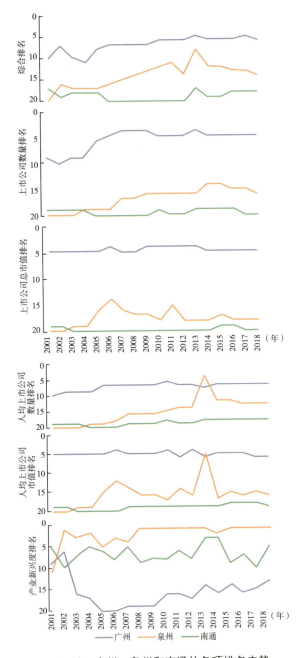

图 2.13　广州、泉州和南通的各项排名走势

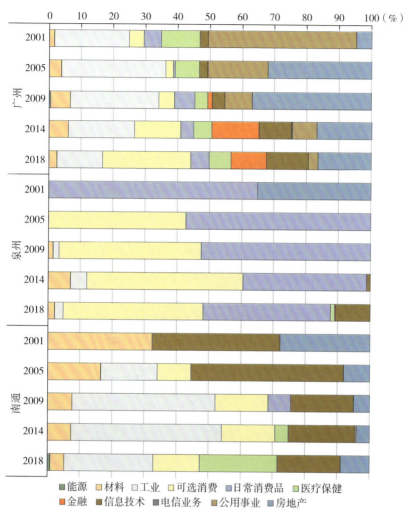

图 2.14 广州、泉州和南通产业市值分布

本活力指数综合排名没有明显进步（图 2.15）。其中，武汉、成都和长沙的排名相对比较稳定，宁波和郑州则表现出早期发展迅速、后期动力不足的现象。武汉早期的资本规模基础较好，位列第 6 位，但在后期发展过程中，武汉面临着新上市企业不足和已有上市企业规模扩张较慢的状况，

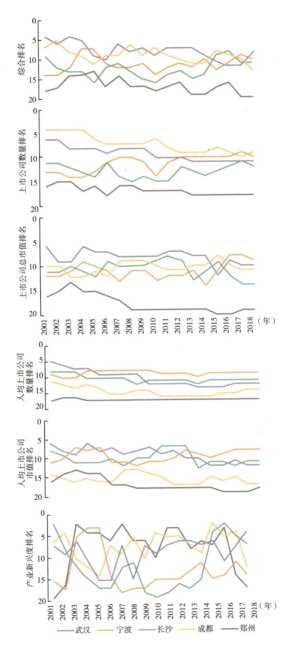

图2.15 武汉、宁波、长沙、成都和郑州的各项排名走势

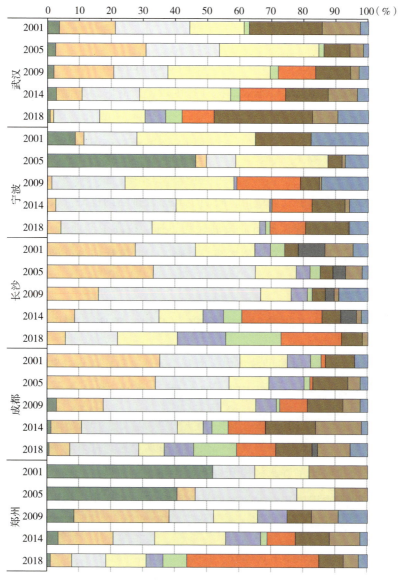

图 2.16 武汉、宁波、长沙、成都和郑州产业市值分布

18 年间上市公司数量仅增长了 65%，上市公司总市值也只增长了 5 倍，远低于领先城市。宁波在资本规模方面发展较快，上市公司数量增长了 4 倍，上市公司总市值增长了 15 倍，资本规模排名有明显提升。长沙、成都和郑州的资本规模和资本效率提升速度较慢，落后于其他城市，资本规模和资本效率的排名都有所下降。

从产业结构（图 2.16）来看，武汉的产业新兴度表现较好，产业多元性较高，且发展出了以信息技术为代表的特色产业。宁波的产业新兴度的优化速度落后于其他城市，限制了其综合排名的提升。长沙和成都的消费类行业和医疗保健行业发展较为迅速，拉高了产业新兴度排名。郑州也因为行业种类丰富，使能源、材料、工业等估值较低的传统行业占比下降，从而产业新兴度排名得以提升。

（五）排名明显下降的城市：南京、天津、重庆、青岛和西安

在经济总量前 20 位的城市中，南京、天津、重庆、青岛和西安的资本活力指数综合排名有明显下降（图 2.17）。在 18 年间，南京的上市公司数量增长了 2.4 倍，但近几年增长速度落后于领先城市，且上市公司总市值增长较慢，致使南京的资本规模排名有所下降。此外，资本规模增长速度较慢也引起了资本规模和资本效率排名的下降。天津、重庆、青岛和西安的资本规模和资本效率增长都明显不足，这 4 座城市的上市公司数量增长都不足 2 倍，上市公司总市值增长不足 10 倍，资本效率增长速度也较低，无法带来增长优势。

产业结构（图 2.18）方面，南京的金融行业发展迅猛，估值较高的消费类、医疗保健和信息技术业发展缓慢，导致南京的产业新兴度排名也有所下降。天津的信息技术行业和医疗保健行业均有显著增长，但房地

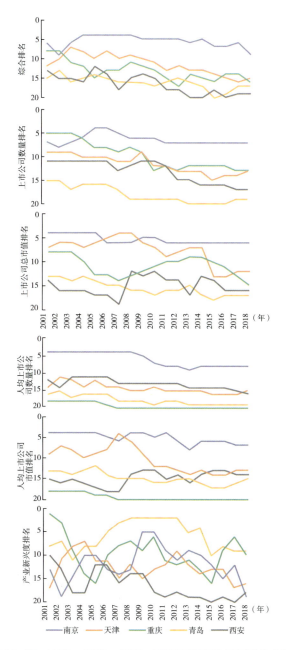

图 2.17　南京、天津、重庆、青岛和西安的各项排名走势

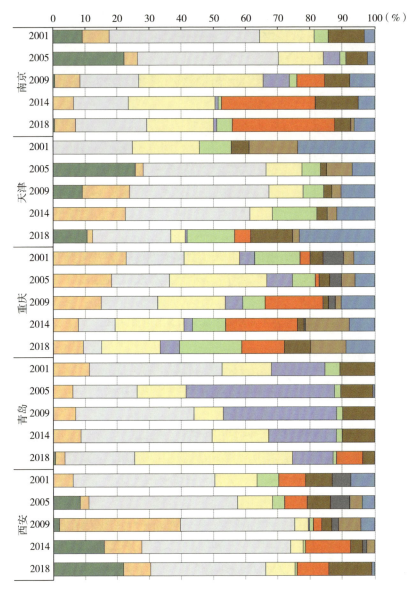

图 2.18 南京、天津、重庆、青岛和西安产业市值分布

产行业市值占比的提升又拉低了天津的产业新兴度排名。重庆的产业结构比较多元和均衡，但缺乏主打的新兴产业使重庆的产业新兴度表现也比较一般。西安的信息技术行业有所发展，但以传统工业为主导，能源行业占比不断上升的局面，使西安的产业新兴度排名不断下降。相比于天津、重庆和西安，青岛的产业结构更加新兴，消费类行业市值占比提升较快，产业新兴度排名较高。

第三章

中国副省级城市资本活力指数报告

一、 中国副省级城市总体状况

（一）中国副省级城市介绍

1994 年，中央机构编制委员会印发通知（中编〔1994〕1 号），将重庆、广州、武汉、哈尔滨、沈阳、成都、南京、西安、长春、济南、杭州、大连、青岛、深圳、厦门和宁波这 16 座城市定为副省级城市。副省级城市的确立，不仅有利于加快这些城市的经济与社会发展，也有利于更好地发挥这些中心城市的辐射作用。1997 年，重庆升格为直辖市，由此退出副省级城市的行列，副省级城市也变为 15 座。目前，这 15 座城市以全国 2% 左右的面积占比，聚集了全国 8% 的人口，贡献了全国（不含港澳）19% 的 GDP（图 3.1）。

15 座副省级城市中，有 10 座为省会城市，5 座为沿海非省会城市，即我国 1997 年以后的 5 座计划单列市——大连、青岛、深圳、宁波、厦门。从地理位置看，副省级城市基本位于东部地区，特别是东部沿海地区。从经济发展水平看，除济南、大连、长春、哈尔滨、沈阳和厦门外，

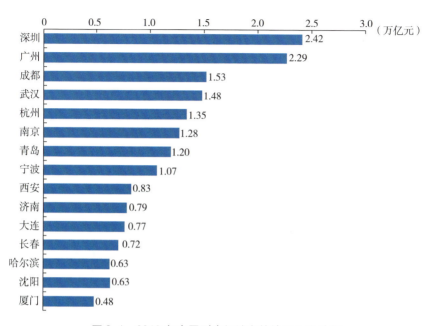

图 3.1 2018 年中国副省级城市的地区生产总值

其他 9 座副省级城市 2018 年地区生产总值均进入全国前 20 位的行列。地区生产总值的结果显示，东北地区和其他地区的副省级城市在经济发展水平上有较大差距。

（二）典型城市及上市公司介绍①

1. 广州

广州是广东省省会，是广东政治、经济、科技、教育和文化中心，国家重要的中心城市、国际商贸中心、综合交通枢纽。广州具有 2 200 多年历

---

① 典型城市依据 2018 年资本活力综合排名的领先城市选出（以前章节已介绍过的城市不再介绍，按资本活力综合排名往后顺延），各城市文字介绍来源于各地方政府官网，各公司文字介绍来源于 Wind 数据库。

史，是古代海上丝绸之路的始发地，也是中国历史最悠久且唯一从未关闭过的对外通商口岸，有"千年商都"的美誉。广州气候宜人，森林覆盖率达 42.14%，被联合国评为"国际花园城市"，获联合国改善人居环境最佳范例奖。

广州总面积 7 434.40 平方千米，常住人口超过 1 449.84 万人。2014年行政区划调整后，广州市辖越秀、海珠、荔湾、天河、白云、黄埔、花都、番禺、南沙、从化、增城共 11 个区。

中华人民共和国成立 70 年来，广州城市居民收入快速增长，收入水平大幅提高。国家统计局广州调查队抽样调查资料显示，2018 年广州城市居民人均可支配收入达到 59 982 元，比全省平均水平高 15 641 元，比全国平均水平高 20 731 元，居全国前列。

表3.1 广州市值排名前 5 位的上市公司介绍

证券代码	公司简称	上市地点	简介
600048. SH	保利地产	上海	保利地产是一家专注于房地产开发及销售的大型企业集团，拥有国家一级房地产开发资质。在 20 余年的发展过程中，公司培养了以商品住宅开发销售为主、经营性物业开发持有为辅的综合开发能力。
601238. SH	广汽集团	上海	公司是由广州汽车工业集团有限公司等多家企业共同发起设立的大型国有控股股份制企业集团。其主要业务包括乘用车、商用车、摩托车、汽车零部件的研发、制造、销售及售后服务，以及汽车相关产品进出口贸易，汽车租赁、二手车、物流、拆解、资源再生，汽车信贷、融资租赁、商业保理、保险和保险经纪、股权投资等。

（续表）

证券代码	公司简称	上市地点	简介
000776. SZ	广发证券	深圳	广发证券是国内首批综合类证券公司，定位于专注中国优质中小企业及富裕人群，拥有行业领先创新能力的资本市场综合服务商。公司提供多元化业务以满足企业、个人（尤其是富裕人群）及机构投资者、金融机构及政府客户的多样化需求。
00708. HK	恒大健康	香港	恒大健康是一家主要从事媒体及健康业务的投资控股公司。该公司通过两大分部运营：媒体分部发行广告、销售杂志及书刊，提供数码业务服务及提供杂志内容；健康行业分部从事国际医院业务、养老及康复业务、互联网社区健康管理业务以及提供整形外科、抗老化及其他健康服务。
002027. SZ	分众传媒	深圳	分众传媒原来专注于研究、制造、销售计算机整机及其周边产品和数码通信产品，2015年通过重大资产重组，将原有资产全部置出，注入盈利能力较强、发展前景广阔的生活圈媒体业务，主营业务转变为媒体广告业务，在全球范围首创电梯媒体。

2. 厦门

厦门，别称鹭岛，简称鹭，福建副省级城市、经济特区，东南沿海重要的中心城市、港口及风景旅游城市。厦门位于福建东南端，西界漳州，北邻南安和晋江，东南与大小金门和大担岛隔海相望，通行闽南方言，是闽南地区的主要城市，与漳州、泉州并称闽南金三角经济区。

2016 年，厦门全市土地面积 1 699.39 平方千米，其中厦门本岛土地面积 157.76 平方千米（含鼓浪屿）；海域面积约 390 平方千米。厦门有 6 个市辖区，26 个街道、12 个镇、361 个社区、147 个村。2017 年末，全市常住人口为 401 万人。

经初步核算，全年地区生产总值 4 791.41 亿元，按可比价格计算，比上年增长 7.7%。按常住人口计算的人均 GDP 为 11 8015 元，增长 5.2%，折合 17 834 美元。全体居民人均可支配收入 50 948 元，其中人均工资性收入 36 084 元，人均经营净收入 4 790 元，人均财产净收入 5 780 元，人均转移净收入 4 294 元，增长 4.4%，全体居民人均生活消费支出 33 192 元。

表3.2　厦门市值排名前5位的上市公司介绍

证券代码	公司简称	上市地点	简介
300628. SZ	亿联网络	深圳	亿联网络是专业的企业通信与协作解决方案提供商，集研发、销售及服务于一体，并通过外协加工的方式，为全球企业客户提供智能、高效的企业通信终端设备。公司生产的终端产品销售量及销售收入均居行业前列，并保持快速增长。
002925. SZ	盈趣科技	深圳	盈趣科技是万利达旗下公司，以自主创新的 UDM（统一数据管理平台）模式为基础，形成了高度信息化、自动化的智能制造体系，满足协同开发、定制服务、柔性生产、信息互联等综合服务需求，为客户提供智能控制部件、创新消费电子等产品的研发、生产，并为中小型企业提供智能制造解决方案。
600153. SH	建发股份	上海	建发股份是一家以供应链运营和房地产开发为主业的现代服务型企业，致力于供应链增值，提供 LIFT 供应链服务，以物流、信息、金融、商务四类服务要素为基础，整合运营过程中所需的资源，规划供应链运营解决方案，并提供运营服务。

（续表）

证券代码	公司简称	上市地点	简介
600549.SH	厦门钨业	上海	厦门钨业是国家级重点高新技术企业、国家火炬计划钨材料产业基地、国家首批发展循环经济示范企业，是国家六大稀土集团之一。公司主要从事钨精矿、钨钼中间制品、粉末产品、丝材板材、硬质合金、切削刀具、各种稀土氧化物、稀土金属、稀土发光材料、磁性材料、贮氢合金粉、锂电池材料及其他能源新材料的研发、生产和销售，兼营房地产开发与经营。
600755.SH	厦门国贸	上海	厦门国贸系厦门国贸控股集团有限公司控股子公司，是一家国有控股上市公司。经过多年发展，已形成供应链管理、房地产经营和金融服务三大核心业务。"ITG"为中国驰名商标，"国贸"为福建企业知名字号，国贸地产"金钥匙"为福建著名商标。

3. 武汉

武汉地处中国中部，是长江中游特大城市，湖北省的省会，中国重要的工业、科教基地和综合交通枢纽。武汉是中国著名的江城，中国第一大河长江及其最大支流汉江在城中交汇，形成武昌、汉口、汉阳三镇鼎立的壮美景观。武汉也被誉为"百湖之市"，拥有全国最大的城中湖——东湖和众多湖泊，城市水域面积占总面积的1/4。

2017年，武汉辖江岸、江汉、硚口、汉阳、武昌、青山、洪山、蔡甸、江夏、黄陂、新洲、东西湖、汉南13个行政区及武汉经济开发区、东湖新技术开发区、东湖生态旅游风景区、武汉临空经济技术开发区、武汉化学工业区和武汉新港6个功能区。全市土地面积8 569.15平方千米，建成区面积628平方千米。

2017年，武汉全体居民人均可支配收入38 642元。其中，城镇常住居民人均可支配收入43 405元，农村常住居民人均可支配收入20 887元。

全体居民人均消费支出 25 852 元，比上年增长 7.6%。

表 3.3　武汉市值排名前 5 位的上市公司介绍

证券代码	公司简称	上市地点	简介
00489.HK	东风集团	香港	东风集团是中国汽车工业的排头兵企业之一，公司拥有多家附属公司、共同控制实体及其拥有直接股本权益的公司，构成东风汽车集团，主要从事商用车、乘用车及汽车发动机、零部件的生产和销售业务，装备制造业务，金融业务以及与汽车相关的业务。
02098.HK	卓尔智联	香港	卓尔智联是一家立足于武汉的大型消费品批发市场物业和商务空间提供商及运营商，主要出售及出租消费品批发市场物业及其他商用物业单位。卓尔智联面向专注于中国内需市场的供货商、生产商、经销商及其他本地中小批发企业，提供批发市场物业、全方位综合物流与交易设施及服务。
600498.SH	烽火通信	上海	烽火通信是国际知名的信息通信网络产品与解决方案提供商，专注于全球信息与通信事业的进步与发展，积累了对人类信息通信生活的深刻理解和创造力。始终以"造福人类社会"为使命，积极构建新一代的信息基础设施，积极推动 CT（通信技术）向 ICT（信息通信技术）的产业结构转型，致力于持续的科技创新。
601162.SH	天风证券	上海	天风证券总部设于武汉，是一家拥有全牌照的全国性综合类证券公司。公司从事证券经纪，证券投资咨询，与证券交易、证券投资活动有关的财务顾问，证券投资基金代销，证券承销与保荐，证券自营，证券资产管理，融资融券，代销金融产品，为期货公司提供中间介绍业务。
600068.SH	葛洲坝	上海	葛洲坝是一家集环保、建筑、装备制造、基础设施投资与运营、房地产、水泥、民用爆破和金融等主营业务为一体，具有国际竞争力的跨国集团。公司被誉为环保业务、PPP（政府和社会资本合作）业务和"一带一路"的领军企业。

4. 宁波

宁波地处我国海岸线中段，长江三角洲南翼。东有舟山群岛为天然屏障，北濒杭州湾，西接绍兴的嵊州、新昌、上虞，南临三门湾，并与台州的三门、天台相连。宁波辖海曙、江北、镇海、北仑、鄞州、奉化6个区，宁海、象山2个县，慈溪、余姚2个县级市。宁波共有75个镇、10个乡、71个街道办事处、721个居民委员会和2485个村民委员会。全市陆域总面积9816平方千米，其中市区面积为3730平方千米。经技术部门初步测量，全市海域总面积为8355.8平方千米，海岸线总长为1594.4千米，约占全省海岸线的24%。截至2018年底，全市拥有户籍人口603.0万人，其中市区295.6万人。

2018年全市实现地区生产总值10746亿元，按可比价格计算，比上年增长7.0%。2018年，全市完成一般公共预算收入1379.7亿元，比上年增长10.8%。一般公共预算支出1594.1亿元，增长13.0%，其中与民生密切相关的教育、文化体育与传媒、社会保障和就业、医疗卫生、节能环保、城乡社区事务、农水、交通运输、住房保障9大类支出共1049.3亿元，合计占一般公共预算支出的65.8%。

表3.4　宁波市值排名前5位的上市公司介绍

证券代码	公司简称	上市地点	简介
02313.HK	申洲国际	香港	申洲国际为中国最具规模的纵向一体化针织制造商，集织布、染整、印绣花、裁剪与缝制四个完整的工序于一身，产品涵盖所有的针织服装，包括运动服、休闲服、内衣、睡衣等。集团连续几年名列中国针织服装出口企业出口规模第1位，也在中国出口至日本市场的针织服装制造商中列第1位。

（续表）

证券代码	公司简称	上市地点	简介
002142. SZ	宁波银行	深圳	宁波银行成立于1997年4月10日，以为客户提供多元化金融服务为目标，打造公司银行、零售公司、个人银行、金融市场、信用卡、票据业务、投资银行、资产托管、资产管理九大利润中心，初步形成多元化的业务增长模式和良好的品牌形象。
02382. HK	舜宇光学	香港	舜宇光学是中国领先的光学产品制造企业，主要从事光学相关产品的研发、制造和销售，目前产品包括光学零件、光电产品和光学仪器。公司立足光电行业，以光学、机械、电子三大核心技术的组合为基础，大力发展光学、仪器、光电三大事业。
002120. SZ	韵达股份	深圳	韵达股份是国内知名快递物流企业，以科技为驱动力、以大数据能力为载体，通过多样化的快递产品、"最后一公里"、"末端100米"的配送和信息化技术的建设，致力于构建以快递为核心，涵盖仓配、云便利、跨境物流和智能快递柜为内容的综合服务物流平台。
601018. SH	宁波港	上海	宁波港是中国大陆重点开发建设的四大国际深水中转港之一，在区位、航道水深、岸线资源、陆域依托、发展潜力等方面均具有较大的优势，是世界航线最密集的港口之一，也是世界各大船公司必靠母港之一。

5. 成都

成都，位于四川中部，是四川省省会、副省级城市，中国首批国家历史文化名城之一，是西南地区重要的中心城市。成都是古蜀文明的重要发源地，"天府之国"的中心，有着世界罕见的3 000年城址不迁、2 500年城名不改的历史特征。1921年始设市政筹备处，1928年正式设市。

成都地处四川盆地西部，青藏高原东缘，东北与德阳、东南与资阳毗邻，南面与眉山相连，西南与雅安、西北与阿坝藏族羌族自治州接壤。2017 年，全市土地面积为 14 335 平方千米，占全省总面积（48.5 万平方千米）的 2.95%。截至 2017 年，成都市辖锦江、青羊、金牛、武侯、成华、龙泉驿、青白江、新都、温江、双流、郫都 11 个区，简阳、都江堰、彭州、邛崃、崇州 5 个县级市，金堂、大邑、蒲江、新津 4 个县。成都人口稳定增长，有常住人口 1 604.5 万人，比上年增长 0.8%；城镇化率达到 71.9%；有户籍人口 1 435.3 万人，其中城镇人口 851.2 万人，乡村人口 584.1 万人。

2018 年，成都全年实现地区生产总值 15 342.77 亿元，按可比价格计算，比上年增长 8.0%。其中，第一产业增加值 522.59 亿元，第二产业增加值 6 516.19 亿元，第三产业增加值 8 303.99 亿元。三次产业结构比重为 3.4：42.5：54.1。三次产业对经济增长的贡献率分别为 1.6%、37.1%、61.3%。按常住人口计算，成都人均 GDP 为 94 782 元，增长 6.6%。

表3.5　成都市值排名前 5 位的上市公司介绍

证券代码	公司简称	上市地点	简介
600674. SH	川投能源	上海	川投能源是四川投资集团旗下从事电力生产的上市公司，公司通过一系列资产重组和稳健经营，确立了以水电清洁能源为主、铁路信息产业为辅的发展格局，逐步成长为主业稳固、业绩优良、运作规范的上市公司。
600438. SH	通威股份	上海	通威股份发展农业和新能源两大主业，其中农业主业以饲料工业为核心，全力延伸和完善水产及畜禽产业链条。同时，在新能源方面，公司已成为拥有从上游高纯晶硅生产、中游高效太阳能电池片生产，到终端光伏电站建设的垂直一体化光伏企业。

（续表）

证券代码	公司简称	上市地点	简介
002422.SZ	科伦药业	深圳	科伦药业生产和销售包括大容量注射剂（输液）、小容量注射剂（水针）、注射用无菌粉针（含分装粉针及冻干粉针）、片剂、胶囊剂、颗粒剂、口服液、覆膜透析液、原料药、医药包材、医疗器械，以及抗生素中间体等产品，是中国输液行业中品种最为齐全的医药制造企业之一。
601838.SH	成都银行	上海	成都银行系四川首家城市商业银行。公司积极探索差异化、特色化发展路径，形成了自身独特的业务特色和竞争优势，综合实力位居西部城市商业银行领先地位，部分经营指标达到国内先进水平。
600875.SH	东方电气	上海	东方电气历经半个多世纪的磨砺，已成为全球最大的发电设备供应商和电站工程总承包商之一。目前，东方电气的产品已经逐渐扩展到美国、加拿大、印度、巴基斯坦等60多个国家和地区。东方电气作为国家重大技术装备国产化基地、国家级企业技术中心，拥有中国发电设备制造行业中一流的综合技术开发能力。

二、 中国副省级城市资本活力总体状况

（一）资本规模

中国副省级城市的上市公司数量实现了快速增长，从2001年的357家增长至2018年的1 329家，增长了2.7倍，年均增速达到8.0%，增长态势良好（图3.2）。中国副省级城市上市公司数量在全国（不含港澳台）所占的比重非常稳定，一直保持在27%~29%（图3.3）。

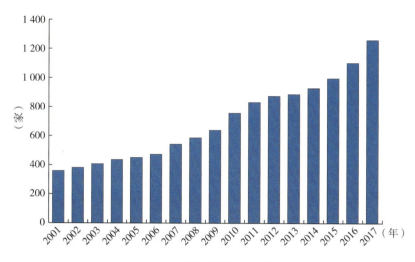

图3.2 中国副省级城市上市公司数量

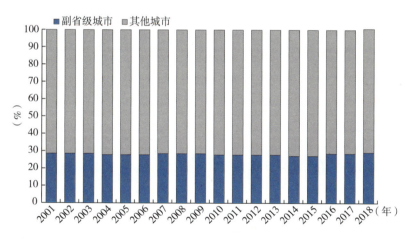

图3.3 中国副省级城市上市公司数量占全国（不含港澳台）比重

中国副省级城市的上市公司总市值呈现波动增长的趋势，从2001年的1.2万亿元增长至2018年的19.5万亿元，增长了15倍，年均增速达到17.9%。具体来看，2007年中国副省级城市上市公司总市值达到第一个高峰，副省级城市上市公司总市值增长至6.62万亿元。2008年，受金融危机的影响，副省级城市上市公司总市值降至2.59万亿元，此后又逐渐回暖，总体在波动中上升（图3.4）。2006年以后，中国副省级城市总市值在全国（不含港澳台地区）总市值的占比显著增长，目前占比约为31%（图3.5）。

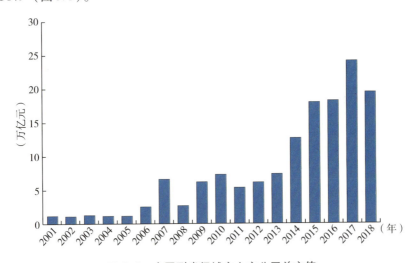

图3.4 中国副省级城市上市公司总市值

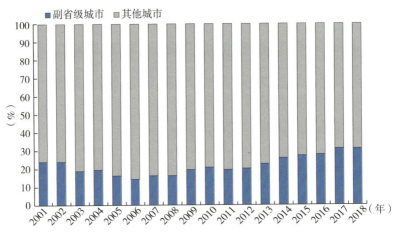

图3.5 中国副省级城市上市公司总市值占全国（不含港澳台）比重

（二）资本效率

中国副省级城市的人均上市公司数量增长十分迅猛，从 2001 年每百万人 3 家增长至 2018 年每百万人 12 家，增长了 3.7 倍，年均增速约 8.0%。中国副省级城市的人均上市公司数量比全国平均水平要高，且差距在逐年扩大。2001 年，中国副省级城市每百万人上市公司数量是全国平均水平的 3.42 倍，而到了 2018 年，这一差距已经扩大到 3.91 倍（图 3.6）。

图 3.6　中国副省级城市人均上市公司数量

中国副省级城市的人均上市公司市值也领先于全国平均水平，且优势逐步扩大。中国副省级城市的人均上市公司市值从 2001 年的 1.1 万元/人增长到 2018 年的 17.7 万元/人，增长了 15 倍，年均增速达到 17.9%（图 3.7）。截至 2018 年，中国副省级城市的人均上市公司市值已经超过全国平均水平的 3.9 倍。

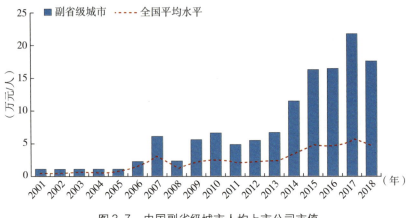

图3.7　中国副省级城市人均上市公司市值

（三）产业新兴度

产业新兴度指标根据市场对不同行业的估值度量，因此随市场基本面的波动而波动。总体而言，中国副省级城市产业新兴度平均水平与全国相差不大，但近些年产业新兴度的改善速度高于全国平均水平（图3.8）。

图3.8　中国副省级城市产业新兴度

三、 中国副省级城市资本活力指数排名分析

在中国副省级城市资本活力指数排名中，排名前3位的城市为深圳、杭州和广州（表3.6），且这3座城市在近十年都保持着资本活力综合排名前3位的地位。深圳、杭州和广州资本活力综合排名的优势，主要得益于它们在资本规模和资本效率方面的显著优势，而产业新兴度方面的表现则不是很一致。

表3.6　中国副省级城市资本活力指数综合得分排行榜

资本活力指数排名	省	市	资本活力指数排名	省	市
1	广东	深圳	9	山东	青岛
2	浙江	杭州	10	陕西	西安
3	广东	广州	11	辽宁	大连
4	福建	厦门	12	辽宁	沈阳
5	湖北	武汉	13	山东	济南
6	浙江	宁波	14	黑龙江	哈尔滨
7	江苏	南京	15	吉林	长春
8	四川	成都			

（一）排名领先的城市：深圳和杭州

从资本活力指数综合排名的历史演变看，深圳和杭州在副省级城市中一直具有显著优势，综合排名一直保持在前列。其中，深圳的排名一直保持在副省级城市的前两位，杭州则在2006年后稳定在了前3位（图3.9）。

深圳作为创业创新城市的代表，其上市公司数量有近400家，总市值达到8.7万亿元，遥遥领先于其他副省级城市，资本规模排名始终保持着

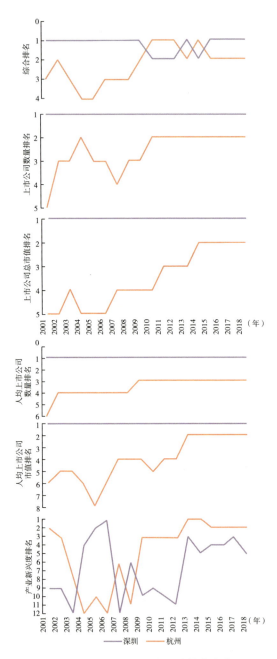

图 3.9　深圳和杭州的各项排名走势

第1位的好成绩。杭州的资本活力发展略晚于深圳，阿里巴巴的上市为杭州的资本活力排名提升贡献了显著的力量。截至2018年末，杭州约有160家上市公司，上市公司总市值达3.9万亿元。杭州的资本规模排名也从副省级城市的第5位提升至第2位，与除深圳以外的副省级城市拉开了显著差距。资本效率方面，深圳的人均上市公司数量和人均上市公司市值始终保持着副省级城市第1位的地位，杭州的资本效率排名则从第5位以外上升至前3位。

在产业结构（图3.10）方面，深圳的传统制造业、房地产行业市值占比不断下降，一些估值较高的新兴行业市值占比不断提升，最终形成了以估值较高的信息技术行业为主，金融行业为辅，其他行业多元发展的结构特点。杭州则以自身良好的消费行业基础为起点，培育了消费行业龙头企业，形成了可选消费行业占绝对主导的行业结构特点。

（二）排名上升较快的城市：广州、厦门、宁波和青岛

在副省级城市中，广州、厦门、宁波和青岛的资本活力综合排名提升比较迅速（图3.11）。18年间，这4座城市在资本规模方面都有了显著提升，上市公司数量均增长了2倍以上，上市公司总市值也都增长了7倍以上，使得这些城市的资本规模排名显著上升。其中，广州的资本规模增长速度最快，上市公司数量增长至近150家，上市公司总市值达1.5万亿元，这使广州的资本规模排名稳定在副省级城市的前3位。

在资本效率方面，厦门的表现最为优异，其人均上市公司数量和人均上市公司市值均稳定在副省级城市的前5位。广州、宁波和青岛的资本效率则实现了不同程度的发展，资本效率排名显著提升。截至2018年末，厦门人均上市公司数量已超过20家/百万人，人均上市公司市值均超过

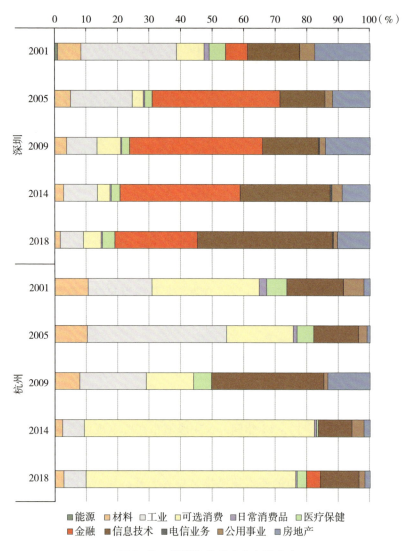

图 3.10 深圳和杭州产业市值分布

10 万元/人。广州和宁波的人均上市公司数量均已超过 10 家/百万人，人均上市公司市值也已超过 10 万元/人。而青岛的资本效率仍有很大提升空间，人均上市公司数量低于 5 家/百万人，人均上市公司市值低于 5 万元/人。

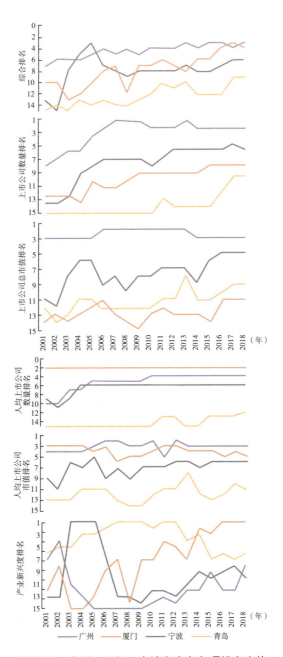

图 3.11　广州、厦门、宁波和青岛各项排名走势

在产业结构方面，这4座城市都有比较好的工业基础，但在后续发展中，各城市产业发展方向出现了分化（图3.12）。广州的产业多元化程度

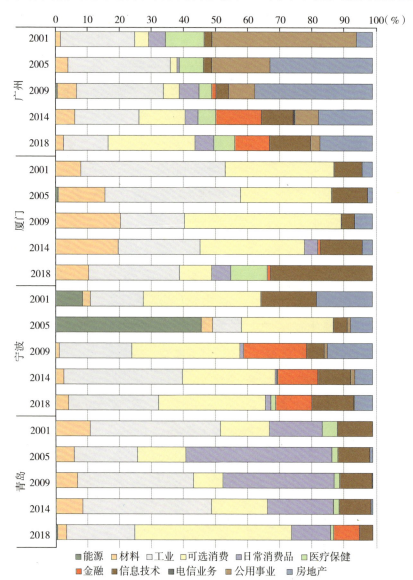

图3.12 广州、厦门、宁波和青岛产业市值分布

一直较高，产业市值分布也较为均衡，近年来可选消费业市值略占上风。传统材料业、工业和估值较高的可选消费业一直是厦门的优势行业，蓬勃发展的信息技术业也上升为厦门市值占比第一的行业。宁波的产业多元化程度提升较为明显，涌现出一批金融业、医疗保健业和消费类的上市公司。可选消费业一直位列宁波产业市值的前两位，传统工业的占比也不断增加。消费类行业是青岛的产业主力军，近年来青岛的产业结构呈现由工业和日常消费品行业向可选消费业转型的特点。

（三）排名无明显变化的城市：西安、成都、大连和济南

在副省级城市中，西安、成都、大连和济南的资本活力指数综合排名没有明显进步（图3.13）。成都的资本活力综合排名保持在5~8位，西安、大连和济南的排名则位于副省级城市的后8位。

成都的上市公司数量较多，基本保持在副省级城市的前5位，但排名有所下降。成都的上市公司总市值排名不及上市公司数量排名，反映了成都的上市公司平均规模偏小，但这一情况在逐渐改善，两项排名也不断接近。西安的上市公司数量和上市公司总市值排名都有显著提升，且市值提升更为明显。大连的上市公司数量增长不及其他城市，排名有所下降，市值排名则无显著变化。济南早期资本规模有所发展，但是后期发展动力不足，导致资本规模排名先升后降，现处于副省级城市的末位。就资本效率而言，这4座城市的资本效率表现都有所改善，但仍处于副省级城市的后半部分，有较大的改善空间。

从产业结构（图3.14）看，成都的产业新兴度表现优于西安、大连和济南，其产业多元性也较高，传统工业和新兴的医疗保健业、信息技术业、消费类行业等共同发展。西安的产业新兴度在这4个城市中最低，

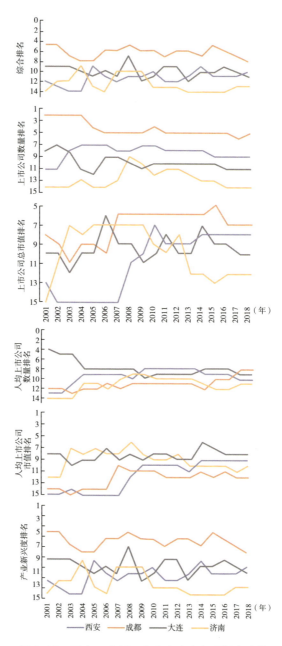

图 3.13　西安、成都、大连和济南各项排名走势

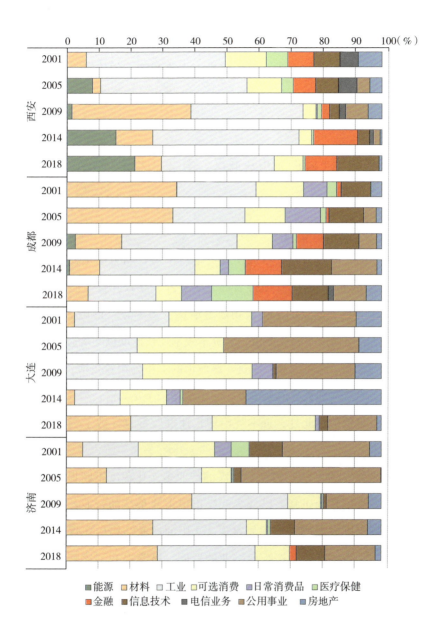

图 3.14　西安、成都、大连和济南产业市值分布

近年来能源行业和工业行业的市值占据了绝对主导地位，信息技术业和金融业有所发展，但增长速度较为缓慢。大连和济南的传统材料、工业和公用事业行业市值占比都较高，新兴行业市值占比较低，这限制了这两座城市资本活力的发展。

（四）排名明显下降的城市：武汉、南京、沈阳、哈尔滨和长春

在副省级城市中，武汉、南京、沈阳、哈尔滨和长春的资本活力指数综合排名有明显下降（图3.15）。在这5座城市中，南京的资本活力表现是最优异的，但因为其资本规模和资本效率增长动力不足，产业新兴度改善速度落后，南京的各项排名都有所下降，导致其资本活力综合排名下降。18年间，南京的上市公司数量增长了2.4倍，上市公司总市值增长了7倍，略落后于领先城市，其资本效率增长速度也略落后于领先城市。武汉、沈阳、哈尔滨和长春这4座城市的上市公司数量增长则不足1倍，沈阳、哈尔滨和长春的上市公司总市值增长不足2倍，增长速度是副省级城市中最低的。此外，资本规模增长速度较慢也导致了资本效率排名的下降。

产业结构（图3.16）方面，武汉的产业多元化程度不断提升，且其信息技术业发展较为迅猛，已成为武汉市值占比最高的行业，这帮助武汉在产业新兴度方面取得较好的表现。沈阳的产业结构也在逐步变得多元而均衡，消费类行业和医疗保健业的发展，显著提升了沈阳产业新兴度排名，但仍不足以抵消资本规模和资本效率增长乏力所致的资本活力综合排名下降的效应。南京有较好的工业和消费类行业基础，此外，金融行业也在南京取得了不俗的发展，成为南京市值占比最高的行业，但信息技术业、医疗保健业等新兴行业的发展缓慢使南京的产业新兴度改

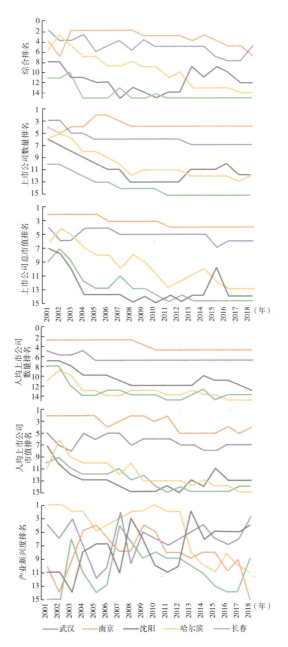

图 3.15　武汉、南京、沈阳、哈尔滨和长春各项排名走势

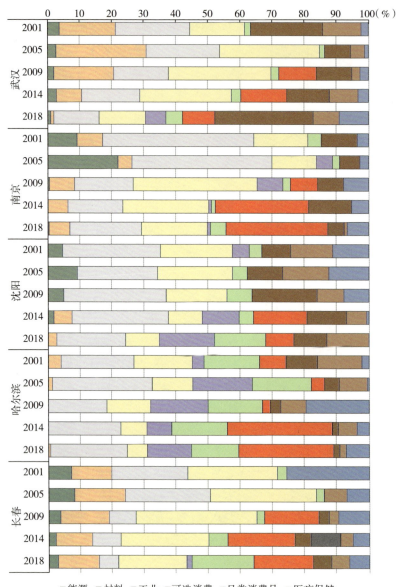

图 3.16　武汉、南京、沈阳、哈尔滨和长春产业市值分布

善落后于其他副省级城市。哈尔滨的产业结构较为稳定，有着比其他副省级城市更加良好的医疗保健业基础，但稳定的传统工业占比和不断提升的金融业占比使哈尔滨的产业新兴度表现较差，影响了哈尔滨资本活力综合排名的提升。长春的产业发展较为多元化，目前形成了消费类行业、医疗保健业和金融行业并重的局面，产业新兴度表现有所提升。

第四章

中国地级市资本活力指数报告

一、 中国地级市总体状况

（一） 中国地级市介绍

地级市起源于市管县体制（又称市领导县），市管县体制主要是将经济比较发达的城市作为中心城市，由中心城市管辖周边的一部分县和县级市。中华人民共和国成立初期，我国就有部分城市实行市管县体制，如无锡、常州、上海等。1959 年，第二届全国人民代表大会常务委员会对市管县体制做出法律上的规定，直接推动了市管县体制的发展。到 20 世纪 60 年代，市管县体制出现低潮甚至回落，直到 80 年代再次掀起改革高潮，并在国家的行政序列中，正式将市划分为地级市和县级市。《国务院批转民政部关于调整设市标准报告的通知》（国发〔1993〕38 号）详细列出地级市的设立标准，包括市区从事非农产业的人口 25 万人以上，其中市政府驻地具有非农业户口的从事非农产业的人口 20 万人以上；工农业总产值 30 亿元以上，其中工业产值占 80% 以上；GDP 在 25 亿元以上；第三产业发达，产值超过第一产业，在 GDP 中的占比达 35% 以上；

地方本级预算内财政收入 2 亿元以上，已成为若干市县范围内中心城市的县级市，方可升格为地级市。[①] 根据中国民政部 2018 年发布的中国行政区划表，中国内地共有地级市 278 个，2018 年拥有上市公司的地级市为 244 个。中国地级市大多集中分布在东部沿海地带。其中，地级市最多的省份是广东，有 19 个，其次为四川和河南，各有 17 个，而海南和青海的地级市数量最少，各有 2 个（见表 4.1）。

表 4.1　中国地级市分布

省份/自治区	地级市数量（个）	省份/自治区	地级市数量（个）
广东	19	黑龙江	11
四川	17	内蒙古	9
河南	17	浙江	9
安徽	16	陕西	9
山东	15	云南	8
广西	14	福建	8
湖南	13	吉林	7
江苏	12	西藏	6
甘肃	12	贵州	6
辽宁	12	宁夏	5
山西	11	新疆	5
江西	11	海南	2
河北	11	青海	2
湖北	11		

　　本报告选取的中国地级市，基于民政部的划分范围，不包含直辖市

[①]　贵州省民政厅：《国务院批转民政部关于调整设市标准报告的通知》（国发〔1993〕38 号），2013 年 4 月 18 日，http：//mzt. guizhou. gov. cn/xxgk/xxgkml/zcwj/fgwj/201702/t20170228_ 1961090. html。

和副省级城市。

（二）典型城市及上市公司介绍①

1. 珠海

珠海区位优越，濒临南海，东与香港水路相距 36 海里，南与澳门陆地相连。港珠澳大桥竣工后，珠海成为内地唯一与香港、澳门同时陆路相连的城市。珠海是我国重要的口岸城市，设有拱北、横琴、珠澳跨境工业区 3 个陆运口岸，九洲港、湾仔港轮渡客运、珠海港、斗门港、万山港 5 个水运口岸，共 8 个国家一类口岸，是仅次于深圳的中国第二大口岸城市。珠海全市下辖香洲、斗门、金湾 3 个行政区，设有横琴、高新、保税、万山、高栏 5 个经济功能区。截至 2018 年末，珠海土地面积为 1 736.46 平方千米，常住人口 189.11 万人，人口城镇化率为 90.08%。

表 4.2　珠海市值排名前 5 位的上市公司介绍

证券代码	公司简称	上市地点	简介
000651. SZ	格力电器	深圳	格力电器现已发展成为多元化的工业集团，产业覆盖空调、高端装备、生活品类、通信设备等领域，产品远销 160 多个国家和地区。格力电器拥有国家重点实验室、国家工程技术研究中心、国家级工业设计中心、国家认定企业技术中心、机器人工程技术研发中心各一个，并成为国家通报咨询中心研究评议基地。

---

① 典型城市依据 2018 年资本活力综合排名的领先城市选出（以前章节已介绍过的城市不再介绍，按资本活力综合排名往后顺延），各城市文字介绍来源于各地方政府官网，各公司文字介绍来源于 Wind 数据库。

（续表）

证券代码	公司简称	上市地点	简介
300146. SZ	汤臣倍健	深圳	汤臣倍健致力于从单一产品提供商逐步升级至健康干预的综合解决方案提供商，成为膳食补充剂行业的领导企业，为消费者的健康创造更大价值。迄今为止，公司原料产地遍及世界 23 个国家，并在巴西、澳大利亚等地建立了 5 个原料专供基地，自有有机农场也在筹建中。
002180. SZ	纳思达	深圳	纳思达是一家以集成电路芯片研发、设计、生产与销售为核心，以激光和喷墨打印耗材应用为基础，以打印机产业为未来的高科技企业，是全球行业内领先的打印机加密 SoC（系统级芯片）设计企业，是全球通用耗材行业的龙头企业。
300529. SZ	健帆生物	深圳	健帆生物是一家血液净化产品提供商，主要从事血液灌流相关产品的研发、生产与销售，自主研发一次性使用血液灌流器、一次性使用血浆胆红素吸附器、DNA（脱氧核糖核酸）免疫吸附柱及血液净化设备等产品。
000513. SZ	丽珠集团	深圳	丽珠集团是集医药研发、生产、销售为一体的综合性企业集团，全国医药行业首家在 A、B 股上市的公司。公司建立了覆盖国内市场的营销网络，与商业主渠道和数千家医院建立了稳定的业务关系。

2. 泉州

泉州地处福建东南部，是福建三大中心城市之一，国务院首批历史文化名城、东亚文化之都、古代"海上丝绸之路"起点城市之一，文化积淀深厚，素有"海滨邹鲁""世界宗教博物馆""光明之城"的美誉。泉州是中国历史上对外通商的重要港口，有着上千年的海外交通史，是一座历史悠久、风光秀丽的开放港口城市。泉州现辖鲤城、丰泽、洛江、泉港 4 个区，晋江、石狮、南安 3 个县级市，惠安、安溪、永春、德化、金门（待

统一）5 个县和泉州经济技术开发区、泉州台商投资区。全市土地面积
11 015平方千米（含金门），2018 年末常住人口 870 万人（不含金门县）。
改革开放以来，泉州走出一条"以市场化为制度基础、民营经济与外向型
经济互相促进为最大特色、县域经济发达为突出亮点、品牌化为突出优势"
的具有侨乡特色的经济建设路子，创造了"泉州模式"。泉州经济实力隔几
年上一个台阶，已经成为福建乃至全国发展最快、最具活力的地区之一，
也成为全国 18 个改革开放典型地区之一。全市 GDP 在 2018 年达 8 467.98
亿元；人均 GDP 增至 97 614 元；一般公共预算总收入增至 861.05 亿元。

表4.3　泉州市值排名前 5 位的上市公司介绍

证券代码	公司简称	上市地点	简介
02020. HK	安踏体育	香港	安踏体育为中国领先的品牌运动鞋类企业之一。集团主要设计、开发、制造及营销运动服饰，包括为专业运动员及大众设计的安踏品牌运动鞋及服装。集团亦设计、营销及销售同一品牌配饰产品。
03799. HK	达利食品	香港	达利食品是中国领先的品牌休闲食品及饮料公司，拥有丰富、多品牌的产品组合，专注于高增长的产品类别。公司拥有 6 大核心产品类别，即糕点、薯类膨化食品、饼干、凉茶、复合蛋白饮料及功能饮料。
01044. HK	恒安国际	香港	恒安国际为一家主要从事生产、分销及销售个人卫生用品的公司，包括妇女卫生用品、纸尿裤及家庭卫生用品。集团销售的产品包括女性卫生巾及护垫、婴儿及成人纸尿裤，以及其他家庭卫生用品，如女士专用洗液及喷剂。
02299. HK	百宏实业	香港	百宏实业集团为中国最大的涤纶长丝开发商及生产商之一，公司从事差别化化学纤维的研发、生产和销售，主要产品为拉伸变形丝、全牵伸丝及预取向丝，被广泛应用于各种消费品，包括服装、鞋类及家纺用的优质面料及纺织品。

（续表）

证券代码	公司简称	上市地点	简介
002174.SZ	游族网络	深圳	游族网络立足全球化游戏的研发与发行、知名IP（知识产权）管理、大数据与智能化、泛娱乐产业投资四大业务板块。公司旗下拥有全球领先的移动开发者服务平台Mob，并围绕优秀IP打造系列电影、游戏、动漫、小说、商业地产等大文化产品体系，构建全球化的泛娱乐产业生态。

3. 无锡

无锡，别名梁溪，简称锡，是江南文明发源地之一，有文字记载的历史可追溯到三千多年前的商朝末年。无锡位于长江三角洲江湖间走廊部分，江苏的东南部，东邻苏州，距上海128千米。无锡为江苏省省辖市，全市总面积4 627.47平方千米（市区面积为1 643.88平方千米）。2017年，无锡辖梁溪、锡山、惠山、滨湖、新吴5个区，及江阴、宜兴2个县级市。2017年末，无锡户籍人口为493.05万人，常住人口为655.3万人。2017年，无锡实现地区生产总值1.14万亿元，跻身"万亿俱乐部"，按可比价格计算，比上年增长7.4%。按常住人口计算，无锡人均GDP达到16.07万元。

表4.4　无锡市值排名前5位的上市公司介绍

证券代码	公司简称	上市地点	简介
603259.SH	药明康德	上海	药明康德是全球领先的制药以及医疗器械研发开放式能力和技术平台企业。药明康德向全球制药公司、生物技术公司以及医疗器械公司提供一系列全方位的实验室研发、研究生产服务，服务范围贯穿小分子药物发现到推向市场的全过程，以及细胞治疗和基因治疗从产品开发到商业化生产服务、医疗器械测试服务等。

（续表）

证券代码	公司简称	上市地点	简介
02269.HK	药明生物	香港	药明生物是全球领先的生物制剂服务供货商，主要从事生物制品的发现、研发、制造和销售业务，主要产品包括临床活性药物成分、无菌液体制剂、冷冻干燥制剂以及注射用药物小分子抗生素。
600398.SH	海澜之家	上海	海澜之家成立于1997年，是一家大型服装企业，业务涵盖品牌服装的经营以及高档西服、职业服的生产和销售，品牌服装的经营包括品牌管理、供应链管理和营销网络管理等。
000418.SZ	小天鹅A	深圳	小天鹅目前是全球极少数全品类洗衣机和干衣机制造商之一，主要从事家用洗衣机和干衣机的研发、生产和销售，主要产品有滚筒洗衣机、全自动洗衣机、双缸洗衣机和干衣机。
300450.SZ	先导智能	深圳	先导智能是国家火炬计划重点高新技术企业、国家两化融合示范企业。公司是全球新能源装备的龙头企业，涵盖锂电池装备、光伏装备、3C（中国强制性产品认证）检测装备、智能仓储物流系统、汽车智能生产线等业务。

4. 长沙

长沙是湖南省省会及经济、政治和文化中心，亦是中国中部地区的核心城市之一。长沙历史悠久且气候宜人，位列"中国十佳休闲宜居生态城市"之首。长沙行政面积约为11 816平方千米，下辖6区、2市和1个县级市。2018年，长沙常住人口数量迎来新突破，从2017年的791.81万人增长至2018年的815.47万人，成为湖南全省首个常住人口破800万的城市。根据《长沙市城市总体规划（2003—2020年）》，长沙至2020年将发展成为千万级人口规模的城市。根据规划，至2020年市区范围和中心城区总面积将分别扩大至1 930平方千米和1 200平方千米；总人口将从2011年的709.1万人增长到过千万人。长沙将以"一轴两带"为发展方向："一轴"指湘江发展轴；"两带"分别指北部发展带（包括宁乡市、长沙县城及国家、省级经济技术开发区等）和南部发展带（包括黄花国际机场、长沙高铁南站、省政府、大学城、洋湖垸总部基地等），2020 年将拥有城市轨道交通线路 6 条，总长 230 千米，进一步提高长沙市内交通综合能力。

表 4.5　长沙市值排名前 5 位的上市公司介绍

证券代码	公司简称	上市地点	简介
300015. SZ	爱尔眼科	深圳	爱尔眼科是我国最大规模的眼科医疗机构，致力于引进国际一流的眼科技术与管理方法，以专业化、规模化、科学化为发展战略，联合国内外战略合作伙伴，共同推动中国眼科医疗事业的发展。
601901. SH	方正证券	上海	方正证券是中国首批综合类证券公司，上海证券交易所、深圳证券交易所首批会员。公司已设立期货、合资投行、合资基金、私募投资基金、另类投资、香港金控 6 家子公司，并持有盛京银行股份有限公司部分股权。
300413. SZ	芒果超媒	深圳	芒果超媒是湖南广播电视台旗下统一的新媒体产业及资本运营平台，与湖南卫视共同构成芒果生态内的双平台驱动、全媒体融合发展格局。
601577. SH	长沙银行	上海	长沙银行是湖南省首家区域性股份制商业银行和法人金融企业。目前，长沙银行营业网点实现了湖南全域覆盖，为广大客户提供 365 天×24 小时手机银行、网上银行、微信银行和电话银行服务。
000157. SZ	中联重科	深圳	中联重科是一家装备制造企业，创立于 1992 年，主要从事工程机械、环境产业、农业机械等高新技术装备的研发制造。公司已覆盖全球多个国家和地区，在"一带一路"沿线均有市场布局。

5. 佛山

佛山是广东省地级市，是中国重要的制造业基地、国家历史文化名城、珠三角地区西翼经贸中心和综合交通枢纽。佛山地处珠江三角洲腹地，毗邻港澳，与广州共同构成"广佛都市圈"，是粤港澳大湾区和珠江-西江经济带的重要组成部分。佛山辖禅城、南海、顺德、高明、三水5个区，全市总面积3 797.72平方千米，常住人口765.67万人，其中户籍人口419.59万人。佛山是著名的侨乡，祖籍佛山的华侨、华人近80万人。2017年，佛山实现地区生产总值9 900亿元，工业总产值2.4万亿元。据中国社科院发布的《中国城市竞争力报告》，佛山城市综合经济竞争力位居第11位。勤劳重信、善抓机遇的佛山人坚持谋实业、做实业、兴实业，将佛山打造成全国乃至全球重要的制造业基地。2017年，佛山三次产业增加值占比为1.5∶58.4∶40.1，制造业主导地位明显，现有超千亿元企业2家、超百亿元企业18家。美的、碧桂园、格兰仕、利泰、联塑、海天、兴海7家佛山民营企业入围"2017中国民营企业500强"，美的、碧桂园跻身福布斯"世界企业500强"。

表4.6　佛山市值排名前5位的上市公司介绍

证券代码	公司简称	上市地点	简介
000333.SZ	美的集团	深圳	美的集团是一家生产和销售消费电器、暖通空调、机器人与自动化系统、智能供应链（物流）的科技集团，提供多元化的产品种类与服务，包括消费电器业务、暖通空调业务、机器人及自动化系统业务和智能供应链业务。
603288.SH	海天味业	上海	海天味业是中国调味品行业的龙头企业，专业的调味品生产和营销企业，迄今已有300多年的历史，是中华人民共和国商务部公布的首批"中华老字号"企业之一。
02007.HK	碧桂园	香港	碧桂园是中国具有领导地位的综合性房地产开发商之一，业务包含物业发展、建安、装修、物业管理、物业投资、酒店开发和管理等，提供多元化的产品以迎合不同市场的需求。

（续表）

证券代码	公司简称	上市地点	简介
06098.HK	碧桂园服务	香港	碧桂园服务是中国领先的住宅物业管理服务商，公司的物业管理组合庞大，遍布全国28个省、市及自治区的240多个城市。
002670.SZ	国盛金控	深圳	国盛金控于2012年上市，逐步建设成为综合性金融服务集团。国盛证券有限责任公司是国盛金控旗下全资子公司，下辖期货、资管、直投3家子公司，为客户提供一站式综合金融服务。

二、 中国地级市资本活力总体状况

（一）资本规模

中国地级市的上市公司数量增势稳健向好，从2001年的586家增长至2018年的2 154家，增长了近2.68倍，年均增速达8.0%，发展迅猛（图4.1）。中国地级市上市公司数量在全国（不含港澳台）所占的比重也呈现稳中向好的态势，目前已达46.9%（图4.2）。

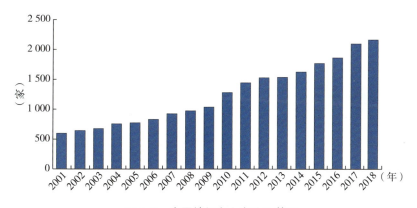

图4.1　中国地级市上市公司数量

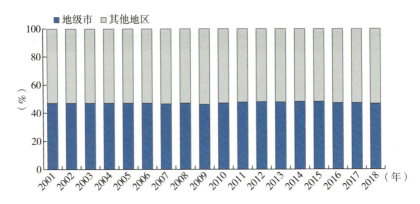

图4.2　中国地级市上市公司数量占全国（不含港澳台）比重

中国地级市上市公司总市值也呈现良好的增长趋势，从2001年的1.81万亿元增长至2018年的17.3万亿元，增长了8.56倍，年均增速达14.2%。2007年中国证券市场稳健发展且持续繁荣，因此中国地级市上市公司总市值达到第一个高峰。2008年，由于美国金融危机带来的全球经济寒冬，整个证券市场陷入一片焦虑，中国地级市上市公司总市值也从8.47万亿元下降到3.1万亿元，但从2008—2018年总体在波动中上升。2018年地级市上市公司总市值略有下降，为17.3万亿元（图4.3）。中国

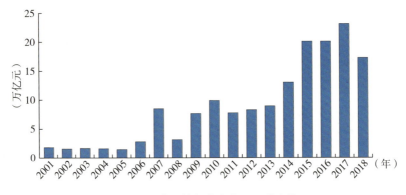

图4.3　中国地级市上市公司总市值

地级市上市公司总市值在内地全体城市上市公司总市值的占比略有波动，但总体趋于稳定，约为27.4%（图4.4）。

图4.4 中国地级市上市公司总市值占全国（不含港澳台）比重

（二）资本效率

中国地级市人均上市公司数量近年来一直稳步增长，从2001年每千万人7.36家增长至2018年每千万人21.6家，增长了1.93倍，年均增速约为6.5%。中国地级市人均上市公司数量略低于全国平均水平，且与全国平均水平的差距在逐步扩大（图4.5）。

中国地级市人均上市公司市值也与地级市人均上市公司数量一样，略低于全国平均水平，且波动趋势与全国水平保持一致。中国地级市人均上市公司市值从2001年的0.2万元增加到2018年的1.74万元，增长了7.7倍，年均增速达到13.6%（图4.6）。截至2018年，全国人均上市公司市值的平均水平约为地级市人均上市公司市值平均水平的3倍。

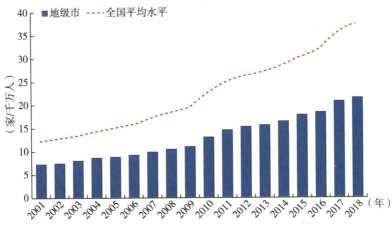

图4.5　中国地级市人均上市公司数量

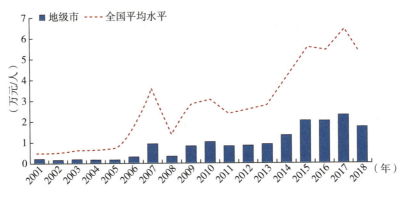

图4.6　中国地级市人均上市公司市值

(三) 产业新兴度

产业新兴度指标由市场对不同行业的估值度量,因此随市场基本面的波动而波动。总体而言,中国地级市产业新兴度随市场行情波动而波动,但近些年均高于全国平均水平,这反映地级市的新兴产业发展状况优于全国平均水平(图4.7)。

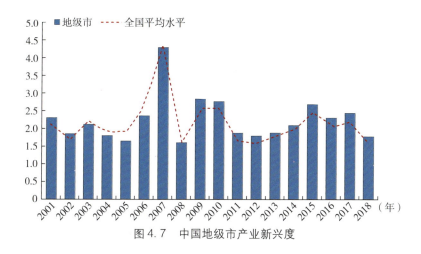

图 4.7　中国地级市产业新兴度

（四）中国地级市资本活力现状分析与未来展望

城市推动了创新、生产和贸易的发展，促进了地区经济的增长，在国际竞争中发挥着越来越重要的作用。我国的城镇化大体经过了三个阶段：第一个阶段是 1949—1978 年，设市城市由 132 个增长到 193 个。第二个阶段是 1978—2000 年，设市城市由 193 个增长到 663 个，城镇化加速发展，沿海地区涌现了许多中小城市，如昆山、东莞等。第三阶段为 2000 年至今，城镇化进入快速发展阶段。截至 2018 年，我国内地已有 278 个地级市。2001—2017 年，地级市的地区生产总值占中国 GDP 的比重始终保持在 65% 以上，在推动中国经济发展的过程中起到重要作用。

目前，地级市已具有如下发展优势：较高的经济实力；各具特色的自然禀赋；不断增长的上市公司总量。但要提高地级市在全国资本市场的地位，以及更好地发挥地级市经济的能动性，还需要做出以下努力：合理布局，统筹发展；扩大资本规模，提高资本效率；提高市场开放度，借力资本市场。

资本赋能发展

目前，中国城市的体系基本形成，城市集群开始出现并发挥重要作用。2018 年，《中共中央国务院关于建立更加有效的区域协调发展新机制的意见》中提到，建立以中心城市引领城市群发展、城市群带动区域发展新模式，推动区域板块之间融合互动发展。文中重点提到京津冀城市群、长三角城市群、粤港澳大湾区、成渝、长江中游、中原、关中平原等城市群。① 城市群的发展不仅要关注中心城市的经济实力，也要协调好中心城市和周边城市之间，以及周边城市内部的经济发展水平。中国拥有众多的地级市，研究地级市资本发展方面的经验与教训，可以为提高中国总体资本活力提供更多有深度、有价值的参考。由于中国幅员辽阔，各种自然资源分布并不均匀，不同地区拥有的资源种类也不相同。从东中西部看，中国东部地势平坦，气候适宜，拥有更丰富的自然资源，地级市发展迅速，资本市场相对活跃；中西部由于资源缺乏，经济发展相对缓慢。从南北看，由于资源和区位的影响，中国的工业布局呈现"南轻北重"的现象，近年来由于北方产能过剩，商品价格回落，人口流失情况较为严重，创新动能不足，而南方受到的影响很少。同时，良好的营商环境往往会吸引和聚集更多的人才和资金，相对北方，南方资本市场更为活跃。企业作为地区经济社会发展的"火车头"，优质的资本发展既是城市经济社会发展的关键性资源，也是城市发展的核心竞争力指标。

地级市是中国经济发展的重要组成部分，提高地级市的经济发展水平对推动全国经济发展具有重要意义。但是，地级市在区域协调、资本效率、资本市场占比等方面还存在如下问题：第一，地级市发展不均衡。

---

① 《中共中央国务院关于建立更加有效的区域协调发展新机制的意见》，2018 年 11 月 18 日，http：//www.gov.cn/zhengce/2018 – 11/29/content_ 5344537. htm。

虽然与国家相比，城市具有更高的开放性，但这种开放性依然受到运输成本和空间距离的制约，因此，不同地区的地级市资本活力和经济发展水平存在较大差异。根据上市公司分布区域看，中国地级市上市公司数量在逐年增加，但南方地区由于市场机制相对完善，比北方地区拥有更多的上市公司。从地级市上市公司规模和资本效率看，2018 年，上市公司总市值最高的地级市（佛山），是最低地级市（四平）的 4 万多倍。上市公司人均市值最高的地级市（克拉玛依），是最低地级市（四平）的 6 万多倍，最高值和最低值之间差距较大。这说明，虽然中国的地级市已经拥有较高的经济实力，在全国经济总量中占有重要位置，但中国地级市经济和资本发展不够均衡的问题依然无法被忽视。第二，人均效率有待提升。地级市的上市公司规模在 18 年间实现了较快扩张，但从资本效率角度看，地级市人均上市公司数量与全国平均水平之间的差距由 2001 年的每千万人 7.36 家扩大到 2018 年的每千万人 21.6 家，目前没有收敛的迹象。2018 年，人均上市公司市值为 1.74 万元，比 2017 年的 2.31 万元下降了 24.7% 左右。因此，地级市的资本效率偏低且存在下行风险。第三，资本规模占比偏低。从地级市上市公司占内地上市公司总量的比重看，2001—2018 年均不足 50%，在资本市场中，地级市并不占据优势地位，表明地级市资本规模占比偏低且无明显增长。

加大地级市的建设步伐，重点是提升地级市资本市场建设的质量，尤其要加大地级市的基础设施建设，提高地级市资本市场活力。地级市是中国行政体系的中坚力量，其发展状况与中国经济战略目标的实现紧密相关。

基于以上对中国地级市的分析，我们认为在地理空间、经济体制方面还存在一些改进空间，具体体现在：在地理空间方面，根据各地经济发展水平选择合适的路径，实现地级市之间和各城市群内不同梯队城市优势互补。通过发挥各地级市的比较优势，促进地区之间的合作与联系。在经济体制方面，尽可能为资本市场提供稳定健康的外部环境。打破各区域要素流通的市场壁垒，同时鼓励要素的自由流通。加强对知识产权的保护，提高技术市场的配置效率，促进技术溢出。通过引进外来企业刺激本地市场，提高人力资本的质量，促进市场的良性竞争。

三、 中国地级市资本活力指数排行榜

（一）中国地级市资本活力指数综合排名情况

2018 年，中国内地 278 个地级市中，共有 244 个地级市有上市公司，本报告只列示拥有上市公司地级市的资本活力情况。其中，地级市中资本活力综合排名前 10 位的分别是泉州、珠海、苏州、无锡、长沙、佛山、绍兴、中山、呼和浩特和湖州。这些地级市在上市公司的资本规模、资本效率和产业新兴度方面均有着优异的表现，是中国地级市资本活力发展的领头羊。从省份分布来看，广东有 3 个地级市上榜，江苏和浙江分别有 2 个地级市上榜，其余是福建、湖南和内蒙古，各有 1 个地级市上榜。2018 年综合排名前 30 位的地级市，主要集中在广东、浙江和江苏，占比均为 20%（表 4.7）。

表 4.7 2018 年中国地级市资本活力指数综合得分前 30 位排行榜

排名	省/自治区	市	排名	省/自治区	市
1	福建	泉州	16	山东	烟台
2	广东	珠海	17	安徽	合肥

（续表）

排名	省/自治区	市	排名	省/自治区	市
3	江苏	苏州	18	福建	福州
4	江苏	无锡	19	云南	昆明
5	湖南	长沙	19	江苏	南通
6	广东	佛山	21	江苏	连云港
7	浙江	绍兴	22	广东	惠州
8	广东	中山	22	浙江	金华
9	内蒙古	呼和浩特	24	新疆	乌鲁木齐
10	浙江	湖州	25	广东	汕头
11	海南	海口	26	四川	宜宾
12	浙江	台州	27	浙江	嘉兴
13	贵州	遵义	28	安徽	芜湖
14	广东	东莞	29	山东	威海
15	西藏	拉萨	30	江苏	常州

2018 年资本活力综合指数排名前 10 位的地级市是珠海、苏州、泉州、无锡、长沙、佛山、绍兴、中山、呼和浩特和湖州。这些地级市在发展资本活力时有各自不同的特点。

（1）泉州：泉州上市公司数量增长比较平稳。2018 年其上市公司总市值是 2001 年的 92 倍，实力发展迅速。泉州的上市公司数量、上市公司总市值、产业新兴度和资本效率发展较为均衡，2018 年，除人均上市公司市值和产业新兴度，其余指标均排名前 15 位。

（2）珠海：珠海上市公司数量从 2001 年的 7 家增长到 2018 年的 36 家，年均增速达 10.1%，实现了上市公司规模的快速扩张，其上市公司数量排名自 2004 年后一直排在地级市前 15 位以内。从 2012 年起，珠海上市公司总市值一直维持在第 10 位左右，资本效率自 2001 年起一直名列前茅。产业新兴度表现则不太稳定，排名波动较大。

（3）苏州：2001—2018 年，苏州上市公司数量从 8 家增长到 119 家，年均增速达 17.2%，实现了飞速增长，上市公司数量排名也从第 11 位上升到第 1 位。近十年以来，苏州的资本规模和资本效率均排在地级市前列。2018 年，苏州人均上市公司数量和人均市值排名均为地级市的第 8 位，资本效率较高。苏州产业新兴度发展相对不足，但 2018 年排名有明显提升。

（4）无锡：18 年间，无锡的综合实力始终排在地级市前 10 位，上市公司数量从 2001 年的 13 家，增长到 2018 年的 101 家，年均增速达到 12.8%，增长较快。2004 年以来，无锡的上市公司数量排名始终在前 2 位。此外，2001—2018 年，上市公司的市值排名保持在地级市的前 10 位，资本效率一直位于中国地级市的前 20 位，但产业新兴度优势不明显。

（5）长沙：长沙资本市场发展较早，拥有较强的资本规模，增长也较为稳定。自 2015 年起，长沙始终保持在中国地级市综合排名前 5 位，但 2018 年略有下降。2001—2018 年，上市公司数量排名维持在地级市的前 4 位，上市公司总市值排名维持在地级市的前 6 位。资本效率排名相对落后于上市公司的规模和实力，但依然处于地级市前 20 位。

（6）佛山：2001—2018 年，佛山上市公司数量从 8 家增长到 52 家，年均增速达 11.6%，实现了较快增长，上市公司数量排名也从第 11 位上升到第 7 位。近十年来，佛山的上市公司数量、市值和资本效率均排在地级市前 15 位。2018 年，人均市值排名为地级市第 3 位，人均实力较强，但人均上市公司数量排名略微落后于人均上市公司市值，排在第 12 位。产业新兴度发展相对不足，但相比 2017 年，2018 年排名有所提升。

（7）绍兴：绍兴的上市公司规模增长明显，上市公司数量年均增速达到 13%。2004 年以来,上市公司数量排名始终保持在前 5 位,与此同时,人均上市公司数量也可以排到前 10 位。绍兴上市公司总市值近 6 年排在前 10 位,但人均上市公司市值未能挺进前 10 位。2018 年,产业新兴度排名相比 2017 年有所上升。

(8)中山:2001—2018 年,中山上市公司数量增长迅猛,年均增速为 17%。2018 年上市公司总市值是 2001 年的 30 倍左右,上市公司实力得到较大提升。2011 年以来,人均上市公司数量维持在地级市的前 10 位,人均上市公司市值排名略低于人均上市公司数量排名,产业新兴度排名略有波动,2018 年,中山的产业新兴度排名与 2017 年相比,上升了 3 位。

(9)呼和浩特:呼和浩特上市公司数量增长平稳,从 2001 年的 5 家增长为 2018 年的 7 家,上市公司总市值排名优于上市公司数量排名。2018 年,呼和浩特资本效率和产业新兴度排名都高于资本规模排名。

(10)湖州:湖州的上市公司数量快速增长,上市公司数量年均增速达到 22%。2014 年以来,上市公司数量排名始终保持在前 30 位,而人均上市公司数量自 2015 年起也进入前 15 位。湖州上市公司总市值排名和人均上市公司市值排名均略低于上市公司数量排名和人均上市公司数量排名。2018 年,湖州产业新兴度排名相比 2017 年略有提升(图 4.8)。

(二)上市公司数量排名情况

2018 年,地级市上市公司数量排名前 10 位的分别是苏州、无锡、长沙、绍兴、福州、台州、佛山、泉州、合肥、嘉兴。从省份分布看,2018 年上市公司数量排名前 10 位的地级市中,浙江有 3 个地级市上榜,江苏

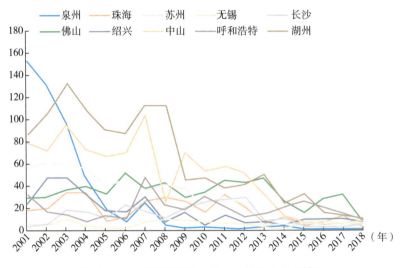

图 4.8　中国地级市资本活力指数综合排名情况

和福建有 2 个地级市上榜，湖南、广东和安徽均有 1 个地级市上榜。2018 年上市公司数量前 30 位的地级市，主要集中在浙江、广东和江苏，占比分别为 20%、17% 和 13%（表 4.8）。

表 4.8　中国地级市上市公司数量前 30 位排行榜

排名	省/自治区	市	排名	省/自治区	市
1	江苏	苏州	15	新疆	乌鲁木齐
2	江苏	无锡	17	江苏	南通
3	湖南	长沙	18	广东	汕头
4	浙江	绍兴	19	海南	海口
5	福建	福州	19	山东	潍坊
6	浙江	台州	21	广东	中山
7	广东	佛山	21	浙江	湖州
8	福建	泉州	23	浙江	金华
9	安徽	合肥	24	云南	昆明

（续表）

排名	省/自治区	市	排名	省/自治区	市
10	浙江	嘉兴	25	山东	淄博
11	山东	烟台	26	浙江	温州
12	江苏	常州	27	江西	南昌
13	河南	郑州	28	河北	石家庄
14	广东	东莞	29	贵州	贵阳
15	广东	珠海	29	甘肃	兰州

从历史演变过程看，无锡、长沙和苏州基本上一直包揽地级市上市公司数量的前3位，前3位城市的上市公司数量遥遥领先，排名从未与其他城市交替过。此外，上市公司数量排名上升较快的城市有泉州、台州和嘉兴（图4.9）。

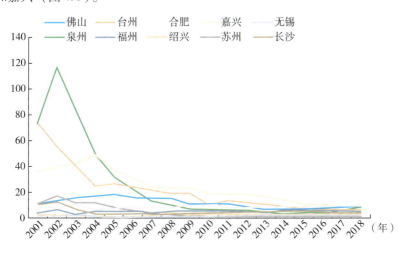

图4.9　中国地级市上市公司数量排名情况

（三）上市公司总市值排名情况

2018年，地级市上市公司总市值排名前10位的分别是佛山、苏州、遵义、福州、无锡、长沙、珠海、绍兴、烟台、乌鲁木齐。从省份分布看，2018年上市公司数量排名前10位的地级市中，广东、江苏各有2个地级市上榜，其余为贵州、福建、湖南、浙江、山东、新疆，均有1个地级市上榜。2018年上市公司总市值前30位的地级市，主要集中在江苏、浙江、广东和福建，占比分别为17%、13%、10%和10%（表4.9）。

表4.9　中国地级市上市公司总市值前30位排行榜

排名	省/自治区	市	排名	省/自治区	市
1	广东	佛山	16	安徽	芜湖
2	江苏	苏州	17	浙江	嘉兴
3	贵州	遵义	18	江苏	南通
4	福建	福州	19	江苏	常州
5	江苏	无锡	20	江苏	连云港
6	湖南	长沙	21	四川	宜宾
7	广东	珠海	22	河北	廊坊
8	浙江	绍兴	23	内蒙古	呼和浩特
9	山东	烟台	24	海南	海口
10	新疆	乌鲁木齐	25	福建	宁德
11	安徽	合肥	26	江西	南昌
12	福建	泉州	27	山东	潍坊
13	河南	郑州	28	贵州	贵阳
14	云南	昆明	29	广东	东莞
15	浙江	台州	30	浙江	湖州

从上市公司总市值排名的历史演变过程看，佛山稳步前进，2017年和2018年稳居首位。福州也有明显的领先优势，自2007年起，稳居前2位，但是在近两年略有下滑。此外，上市公司总市值排名上升较快的城市有遵义、绍兴和珠海（图4.10）。

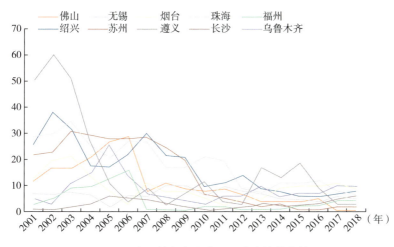

图 4.10　中国地级市上市公司总市值排名情况

（四）人均上市公司数量排名情况

2018 年，地级市人均上市公司数量排名前 10 位的分别是珠海、拉萨、泉州、无锡、东莞、海口、中山、苏州、绍兴、乌鲁木齐。从省份分布看，2018 年上市公司产业结构排名前 10 位的地级市中，广东有 3 个地级市上榜，江苏有 2 个地级市上榜，福建、海南、新疆、浙江和西藏均有 1 个地级市上榜。2018 年人均上市公司数量前 3 位的地级市，主要集中在广东、浙江和江苏，占比分别为 17%、17% 和 13%（表 4.10）。

表 4.10　中国地级市人均上市公司数量前 30 位排行榜

排名	省/自治区	市	排名	省/自治区	市
1	广东	珠海	16	甘肃	嘉峪关
2	西藏	拉萨	17	湖南	长沙
3	福建	泉州	18	浙江	台州
4	江苏	无锡	19	福建	福州

（续表）

排名	省/自治区	市	排名	省/自治区	市
5	广东	东莞	20	海南	三亚
6	海南	海口	21	安徽	合肥
7	广东	中山	22	山东	烟台
8	江苏	苏州	23	甘肃	兰州
9	浙江	绍兴	24	江苏	镇江
10	新疆	乌鲁木齐	25	广东	汕头
11	新疆	克拉玛依	26	浙江	金华
12	浙江	嘉兴	27	山东	淄博
13	广东	佛山	28	西藏	山南
14	江苏	常州	29	山西	太原
15	浙江	湖州	30	西藏	林芝

从人均上市公司数量排名的历史演变过程看，珠海和拉萨一直遥遥领先，人口效率最高。泉州、无锡和东莞的人均上市公司数量排名近年来也一直保持靠前位置。此外，人均上市公司数量排名上升较快的城市有泉州、苏州、东莞和中山（图 4.11）。

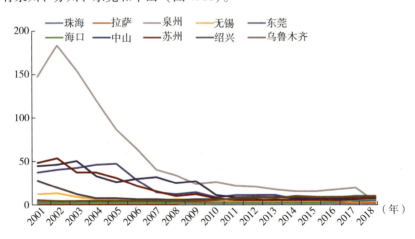

图 4.11　中国地级市人均上市公司数量排名情况

（五）人均上市公司市值排名情况

2018 年，地级市人均上市公司市值排名前 10 位的分别是克拉玛依、珠海、佛山、拉萨、泉州、乌鲁木齐、无锡、苏州、海口、福州。从省份分布看，2018 年地级市人均上市公司市值排名前 10 位的地级市中，新疆、广东、江苏和福建均有 2 个地级市上榜，西藏、海南均有 1 个地级市上榜。2018 年人均上市公司市值前 30 位的地级市，广东和浙江各有 4 个，占比均为 13%，内蒙古、江苏、福建各有 3 个，占比均为 10%，主要集中在南方省份（表 4.11）。

表 4.11 中国地级市人均上市公司市值前 30 位排行榜

排名	省/自治区	市	排名	省/自治区	市
1	新疆	克拉玛依	16	广东	东莞
2	广东	珠海	17	内蒙古	呼和浩特
3	广东	佛山	18	湖南	长沙
4	西藏	拉萨	19	内蒙古	乌海
5	福建	泉州	20	安徽	芜湖
6	新疆	乌鲁木齐	21	浙江	湖州
7	江苏	无锡	22	江苏	常州
8	江苏	苏州	23	内蒙古	包头
9	海南	海口	24	山东	烟台
10	福建	福州	25	西藏	林芝
11	贵州	遵义	26	云南	昆明
12	广东	中山	27	浙江	台州
13	浙江	绍兴	28	福建	宁德
14	甘肃	嘉峪关	29	山东	威海
15	浙江	嘉兴	30	安徽	合肥

从人均上市公司市值排名的历史演变过程看，克拉玛依近两年异军突起，人口效率最高。珠海近十年来的人口效率也稳定在前列。人均上市公司市值排名上升较快的城市有泉州和苏州（图 4.12）。

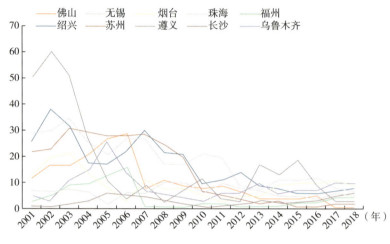

图 4.12　中国地级市人均上市公司市值排名情况

（六）产业新兴度排名情况

2018 年，地级市上市公司产业新兴度排名前 10 位的分别是吕梁、阜阳、怀化、海东、云浮、巴彦淖尔、玉林、常德、亳州和天水。从省份分布看，2018 年上市公司产业新兴度排名前 10 位的地级市中，湖南和安徽均有 2 个地级市上榜，广东、山西、青海、内蒙古、广西、甘肃均有 1 个地级市上榜。2018 年上市公司产业新兴度前 30 位的地级市中，河南有 5 个地级市上榜，其次为陕西、内蒙古和湖北，均有 3 个地级市上榜，而湖南、安徽、广西、河北、甘肃和江苏，均有 2 个地级市上榜（表 4.12）。

表 4.12　中国地级市产业新兴度前 30 位排行榜

排名	省/自治区	市	排名	省/自治区	市
1	山西	吕梁	19	河南	漯河
2	广东	云浮	20	陕西	汉中
2	安徽	亳州	21	广西	梧州

（续表）

排名	省/自治区	市	排名	省/自治区	市
2	湖南	常德	22	甘肃	陇南
2	青海	海东	23	河南	信阳
2	湖南	怀化	24	江苏	淮安
2	内蒙古	巴彦淖尔	25	河南	南阳
2	广西	玉林	26	河南	周口
2	安徽	阜阳	27	内蒙古	呼和浩特
10	甘肃	天水	28	吉林	通化
11	湖北	随州	29	西藏	林芝
11	湖北	咸宁	29	陕西	延安
11	河南	开封	29	黑龙江	鸡西
14	贵州	遵义	29	江西	抚州
15	河北	衡水	29	陕西	商洛
16	四川	宜宾	29	内蒙古	乌兰察布
17	江苏	宿迁	29	湖北	黄冈
18	河北	承德			

从产业新兴度排名的历史演变过程看，云浮、海东、巴彦淖尔和怀化和玉林一直稳健增长，吕梁、亳州、常德、阜阳、天水产业新兴度排名上升较快，均从一百名以外快速上升至前 10 位（图 4.13）。

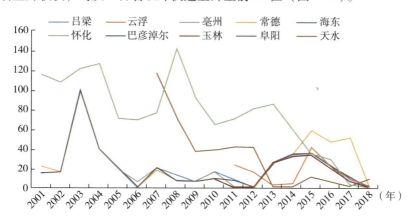

图 4.13　中国地级市产业新兴度排名情况

第五章

中国县域资本活力指数报告

一、 中国县域总体状况

(一) 中国县域介绍

县级行政区,作为中国重要的行政单元之一,最早起源于春秋战国时期。秦始皇统一六国时,推行郡县制,自此,县制正式设置。中华人民共和国成立后,基于对行政区划合理划分的全面考虑,《中华人民共和国宪法》第三十条规定,中华人民共和国的行政区域一般划分为三个层级:省、县、乡。县级行政区目前包含县、市辖区、县级市、自治县、旗、自治旗、林区和特区。2002 年十六大首次使用"县域"这个概念,并提出"壮大县域特色经济",十六届三中全会又进一步强调"要大力发展县域经济",这充分表明了党中央对县域经济的高度重视和关注。

县域经济,是以县级行政区划为地理空间,以县级政权为调控主体,以市场为导向优化配置资源,具有地域特色和功能完备的区域经济,其作为国民经济的基本单元,是城市经济的发展摇篮。本报告选取的中国

第五章　中国县域资本活力指数报告

县域，基于县级行政区划，包含县、县级市、自治县、旗和自治旗，不包含市辖区、林区、特区以及直辖市管辖的县和自治县。根据中国民政部2018年发布的《中国行政区划表》，中国目前共有县级行政区2 851个，其中，市辖区、林区和特区共972个，县、县级市、自治县、旗和自治旗共1 879个，本报告覆盖的县域范围共1 867个，2018年拥有上市公司的县域共312个。中国县域大多集中分布在东部沿海地带（图5.1），其中，县城最多的省份是四川，有129个，其次为河北，有121个，而宁夏的县域最少，仅有13个（表5.1）。

表5.1　中国县域分布

省/自治区	县域数量（个）	省/自治区	县域数量（个）
广东	57	黑龙江	63
四川	129	内蒙古	80
河南	106	浙江	52
安徽	61	陕西	77
山东	81	云南	112
广西	71	福建	56
湖南	86	吉林	39
江苏	41	西藏	66
甘肃	69	贵州	72
辽宁	41	宁夏	13
山西	92	新疆	92
江西	74	海南	15
河北	121	青海	38
湖北	63		

（二）典型县域及优秀上市公司介绍①

1. 晋江

晋江地处福建东南沿海，陆域面积 649 平方千米，海域面积 957 平方千米，海岸线长 121 千米。1992 年撤县设市，辖 13 个镇，6 个街道，395 个行政村（社区），户籍人口 114.71 万人，外来人口 130 万人，县域经济基本竞争力排在全国第 5 位，全国中小城市投资潜力百强县第 3 位。改革开放以来，晋江大力发展民营经济、品牌经济、实体经济，走出了一条特色县域发展道路。晋江经济总量长期占泉州 1/4，连续 24 年保持福建县域首位。2017 年 GDP 为 1981.5 亿元，增长 8.2%；财政总收入 212.2 亿元，增长 5.58%。晋江有四个方面特别突出：（1）民营主导。晋江 97% 以上的企业是民营企业，民营企业创造的产值、税收、就业岗位都在 95% 以上。（2）产业集群优势明显。晋江规模以上工业产值突破 4 000 亿元，已有 7 个超百亿的产业集群（包括制鞋、纺织服装、建材陶瓷、食品饮料、装备制造、纸制品、新材料），其中制鞋、纺织服装产业产值均超千亿。集成电路、石墨烯、光伏电子等高新技术产业取得重大突破，投资规模近 400 亿元的晋华存储器项目被纳入国家"十三五"集成电路重大生产力布局规划和"910 工程"，集成电路全产业链初具规模。石墨烯产业技术研究院正式运营，一批产业化项目相继落地。（3）品牌众多。晋江拥有国家体育产业基地、中国鞋都、世界夹克之都等 15 个区域品牌，持有中国驰名商标 42 枚，品牌企业

---

① 典型城市依据 2018 年资本活力综合排名的领先城市选出（以前章节已介绍过的城市不再介绍，按资本活力综合排名往后顺延），各城市文字介绍来源于各地方政府官网，各公司文字介绍来源于 Wind 数据库。

专卖店、直营店超过 25 万家。有 50 多家企业到境外设立商务机构，恒安、安踏、七匹狼、九牧王等知名品牌逐步走向国际化。（4）资本运作活跃。晋江拥有超过 40 家上市公司，总市值超 1 800 亿元；新三板、天交所、海交所挂牌企业达 78 家。

表5.2　晋江市值排名前5位的上市公司介绍

证券代码	公司简称	上市地点	简介
02020.HK	安踏体育	香港	安踏体育为中国领先的品牌运动鞋类企业之一。集团主要设计、开发、制造及营销运动服饰，包括为专业运动员及大众设计安踏品牌的运动鞋类及服装。集团亦设计、营销及销售同一品牌配饰产品。
01044.HK	恒安国际	香港	恒安国际为一家于中国主要从事生产、分销及销售个人卫生用品的公司，包括妇女卫生用品、纸尿裤及家庭卫生用品。集团所销售之产品包括女性卫生巾及护垫、婴儿及成人纸尿裤，以及其他家庭卫生用品，如女士专用洗液及喷剂。
02299.HK	百宏实业	香港	百宏实业集团为中国最大涤纶长丝开发商及生产商之一，公司从事差别化化学纤维的研发、生产和销售，主要产品为拉伸变形丝、全牵伸丝及预取向丝，被广泛应用于各种消费品，包括服装、鞋类及家纺所用的优质面料及纺织品。
002174.SZ	游族网络	深圳	游族网络立足全球化游戏研发与发行、知名IP管理、大数据与智能化、泛娱乐产业投资四大业务板块全面发展。公司旗下拥有全球领先的移动开发者服务平台Mob，并围绕优秀IP打造系列电影、游戏、动漫、小说、商业地产等大文化产品体系，构建全球化的泛娱乐产业生态。

127

（续表）

证券代码	公司简称	上市地点	简介
002517. SZ	恺英网络	深圳	恺英网络是中国知名的互联网企业，主要业务包括：游戏业务，如网页游戏、手机游戏与 H5（第 5 代超文本标记语言）游戏等精品娱乐内容的研发和运营；平台业务，如网页游戏平台、移动应用分发平台、区块链平台的运营，XY 游 H5 游戏运营平台；互联网高科技，如科技金融、VR/AR、大数据智能处理中心等项目的布局。

2. 余姚

余姚隶属于浙江省经济中心宁波，是长三角重要的旅游城市，是浙江省特色先进制造业基地和滨海生态保护区。余姚坐落于宁绍平原，地处美丽富庶的长江三角洲南翼，东距宁波栎社国际机场 36 千米，西距浙江省省会杭州 120 千米，至杭州萧山国际机场只有 1 小时车程，航空优势明显；北濒杭州湾，经杭州湾跨海大桥到上海仅需 1 小时，余姚已纳入上海"两小时交通圈"，具有便捷的海陆空交通和得天独厚的区域优势。余姚陆域面积 1 336.8 平方千米，其中耕地 513 平方千米（水田 374.2 平方千米，水域面积 101.4 平方千米）。2016 年末全市共有 6 个街道办事处、14 个镇、1 个乡，265 个村委会、19 个居委会和 37 个社区，户籍人口83.77 万人。2018 年全市居民人均可支配收入 50 108 元，比上年增长8.6%。其中，城镇居民人均可支配收入 57 250 元，增长 8.1%；农村居民人均可支配收入 33 792 元，增长 8.9%。

表5.3　余姚市值排名前5位的上市公司介绍

证券代码	公司简称	上市地点	简介
02382.HK	舜宇光学	香港	舜宇光学是中国领先的光学产品制造企业，主要从事光学相关产品的开发、制造和销售，目前产品包括光学零件、光电产品和光学仪器。公司将立足光电行业，以光学、机械、电子三大核心技术的组合为基础，大力发展光学、仪器、光电三大事业。
300666.SZ	江丰电子	深圳	江丰电子自成立以来一直从事高纯溅射靶材的研发、生产和销售业务，主要产品为各种高纯溅射靶材，包括铝靶、钛靶、钽靶、钨钛靶等，这些产品主要应用于半导体（主要为超大规模集成电路领域）、平板显示、太阳能等领域。
002124.SZ	天邦股份	深圳	天邦股份是以绿色环保型饲料的研发、生产、销售和技术服务为基础，集饲料原料开发、动物预防保健、标准化动物养殖技术和动物食品加工为一体的农业产业化国家重点龙头企业、国家重点高新技术企业和第一批农产品加工示范企业。
600724.SH	宁波富达	上海	宁波富达是一家以城市商业地产运营管理和住宅开发为主业，兼营新型建材的国有控股上市公司。公司立足宁波，以多元化地产开发、专业化商业经营为产业主导，以新型建材生产和新兴产业投资为产业补充，致力于成为业绩卓越、具备核心竞争力和持续发展动力的优秀上市公司。
603081.SH	大丰实业	上海	大丰实业是行业领先的文体产业整理集成方案解决商，主营业务包括智能舞台、建筑声学工程、公共装饰、座椅看台，公司拥有设计研发、生产制造、安装调试、售后维护的整体实力。

3. 德清

德清县域历史悠久，有着良渚文化的遗迹和古代防风文化的传说。德清位于浙江北部，东望上海、南接杭州、北连太湖、西枕天目山麓，处长三角腹地。德清县域区位优势十分突出，县城距杭州市中心高铁仅 16 分钟车程，距长三角核心城市上海、宁波、南京均在 2 小时车程以内。随着商合杭高铁、杭州绕城高速西复线德清段等新一批交通基础设施的提速建设，德清得天独厚的区位优势将得到进一步凸显。县域总面积 937.92 平方千米，现辖 8 个镇、4 个街道，户籍人口 44 万人，常住人口 65 万人。近年来，德清依托良好的区位和便捷的交通，积极承接沪杭乃至全球的高端要素转移，特别是随着"长三角一体化"发展的深入推进，德清更加突出上海主攻方向，主动融入发展大势，全面承接红利溢出，着力推动经济社会持续健康快速发展。截至目前，德清先后 14 次进入全国百强县（市）行列，最新排名第 36 位。2018 年，实现地区生产总值 517.0 亿元，增长 8.0%；财政收入 100.8 亿元，财政收入突破百亿大关，增长 20.4%；城镇、农村居民人均可支配收入达 54 863 元、32 723 元，分别增长 8.7% 和 9.7%。

表5.4 德清市值排名前 5 位的上市公司介绍

证券代码	公司简称	上市地点	简介
002624.SZ	完美世界	深圳	完美世界是中国大型的影游综合体，业务涵盖完美世界影视和完美世界游戏两大板块，包括网络游戏的研发、发行和运营；电视剧、电影的制作、发行及衍生业务；综艺娱乐业务；艺人经纪服务及相关服务业务。
603338.SH	浙江鼎力	上海	浙江鼎力是一家致力于各类智能高空作业平台研发、制造、销售和服务的高端制造企业，以高新技术、高端装备、高成长性著称，是国内高空作业平台的龙头企业。
300357.SZ	我武生物	深圳	我武生物是一家专业从事过敏性疾病诊断及治疗产品的研发、生产和销售的高科技生物制药企业。公司主营创新药物，拥有国际领先水平的生物制药技术。

（续表）

证券代码	公司简称	上市地点	简介
600226.SH	瀚叶股份	上海	瀚叶股份是国内规模最大的新型农药、兽药生产企业之一，国家重点扶持的高新技术企业。公司拥有国家认定的企业技术中心、博士后科研工作站，并逐步形成了以生物化工产品为主导，以生物高科技、支农产品为主体的产业体系。
600175.SH	美都能源	上海	美都能源是一家综合类上市公司，主要业务包括：传统能源业务如原油及天然气的勘探、开发、生产和销售；新能源业务如新能源汽车产业链上游的碳酸锂、正极材料、锂电池的研发和生产，同时培育石墨烯新兴材料的产业应用；金融和准金融；商业贸易；房地产；服务业等。

4. 土默特左旗

土默特左旗（简称土左旗）历史悠久。历史上，这里曾是多民族生息繁衍的地方，也是北方游牧民族的发源地之一。土左旗区位优越，位于内蒙古中部，大青山南麓的土默川平原上，地处呼和浩特、包头和鄂尔多斯的"金三角"腹地。土左旗有1个国家级农业示范区、1个国家级高新技术产业开发区、1个国家级湿地公园，辖6个镇、2个乡，2个区域服务中心、308个行政村、456个自然村、13个社区，总面积2 779平方千米，总人口37万人，是一个以蒙古族为主体，汉族占多数，回、满、朝鲜等33个民族和睦相处的多民族聚居旗。2017年土左旗荣获内蒙古自治区文明城市和国家卫生县城荣誉称号。土左旗产业特色鲜明。农业上，以传统种植业为基础，以果、草、乳、肉、菜、鱼为重点的现代农牧业健康发展，已逐步成为首府乃至周边地区最重要的农副产品生产基地。工业上，初步形成了以乳业、装备制造、生物医药、新材料、节能环保五大产业为主导，以新能源汽车为后发优势的产业体系。服务业上，人文、生态旅游蓬勃兴起，旅游资源挖掘利用深入推进，在发展全域旅游方面具有很大的比较优势。

表5.5　土默特左旗市值排名前5位的上市公司介绍

证券代码	公司简称	上市地点	简介
600887. SH	伊利股份	上海	伊利股份一直为消费者提供健康、营养的乳制品，规模大、产品线健全，是符合奥运会标准、为2008年北京奥运会提供服务的乳制品企业；也是符合世博会标准、为2010年上海世博会提供服务的乳制品企业。
600201. SH	生物股份	上海	生物股份成立于1993年，1999年1月在上海证券交易所上市，是A股生物制药板块绩优上市公司。公司主要从事兽用生物制品的研发、生产与销售，产品种类涵盖猪、禽、宠物和反刍类四大系列100余种动物疫苗。

5. 江阴

江阴古称暨阳，位于长江三角洲，有7 000年人类生息史、5 000年文明史、2 500年文字记载史。自1949年4月23日，江阴属苏南行署常州专区。1953年改属苏州地区。1983年3月实行市管县体制，改属无锡。1987年4月经国务院批准撤县建市。江阴总面积986.97平方千米，陆地面积829.66平方千米，水域面积157.31平方千米，其中长江水面56.7平方千米。沿江深水岸线长35千米。城市建成区面积125平方千米。2017年，全市有镇10个、街道7个，村民委员会197个、社区居民委员会57个，村居合一社区46个。2017年，全市常住人口165万人，户籍人口125.5万人；人口出生率9.76‰，死亡率7.23‰，自然增长率2.53‰。全市人均预期寿命81.5岁。2017年，江阴全市实现地区生产总值3 488.3

亿元，按可比价格计算，比 2016 年增长 7.2%。按常住人口计算，人均 GDP 为 21.2 万元。全年实现一般公共预算收入 235.2 亿元，增长 2.3%，其中税收收入 195.9 亿元，增长 2.4%；政府性基金预算收入 33.7 亿元，增长 98.6%。

表 5.6　江阴市值排名前 5 位的上市公司介绍

证券代码	公司简称	上市地点	简介
600398.SH	海澜之家	上海	海澜之家成立于 1997 年，是一家大型服装企业，业务涵盖品牌服装的经营以及高档西服、职业服的生产和销售，品牌服装的经营包括品牌管理、供应链管理和营销网络管理等。
BS6.SG	扬子江	新加坡	扬子江是一家中国投资控股公司，公司分部包括造船部门、投资部门、贸易部门等。造船业务部门从事造船、海洋船舶设备建造和船舶设计。投资部门包括小额融资和持有至到期金融资产的投资。交易部门包括商品交易。其他部门包括拆船、船舶所有公司和物业发展。
600584.SH	长电科技	上海	长电科技是全球知名的集成电路封装测试企业。公司面向全球提供封装设计、产品开发及认证，以及从芯片中测、封装到成品测试及出货的全套专业生产服务。
002807.SZ	江阴银行	深圳	江阴银行前身是江阴市信用合作社联合社，是在原江阴市 35 家法人信用合作社和 3 家城市信用社的基础上，经国务院、中国人民银行总行批准，由江阴企业、自然人入股组建的地方性股份制商业银行，是全国首批三家股份制农村商业银行之一。
002610.SZ	爱康科技	深圳	爱康科技是一家专注于新能源电力投资运营及提供一站式光伏配件的高新技术企业，是江苏省重点发展和培育的国际知名品牌，中国新能源行业龙头企业之一。公司已累计运维的并网清洁能源电站约 1GW（吉瓦），处在国内同行业民营企业的前列。

二、 中国县域资本活力总体状况

（一）资本规模

中国县域的上市公司数量实现了迅猛增长，从 2001 年的 113 家增长至 2018 年的 747 家，提高了 5.6 倍，年均增速达 11.8%，增长态势喜人（图 5.1）。中国县域上市公司数量在全国（不含港澳台）所占的比重呈现低位增长的态势，从 2001 年的 9% 左右增长至 2018 年的 16.3% 左右（图 5.2）。

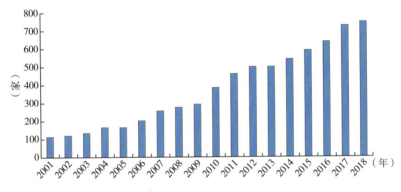

图 5.1　中国县域上市公司数量

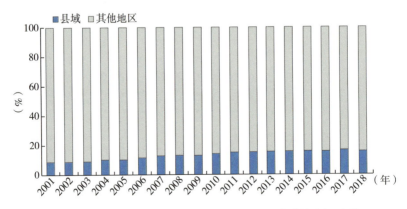

图 5.2　中国县域上市公司数量占全国（不含港澳台）比重

第五章 中国县域资本活力指数报告

中国县域的上市公司总市值实现了较快增长，从 2001 年的 3 470 亿元增长至 2018 年的 5.5 万亿元，增长了 14.9 倍，年均增速达 17.6%。具体来看，总市值增长稍有波动，其中以 2007—2008 年以及 2017 年至 2018 年尤为显著。2007 年中国资本市场一片叫好，证券市场各板块开始了追赶式增长，中国县域上市公司也受资本市场的刺激，总市值达到第一个高峰。2008 年，受证券市场寒冬的影响，中国县域上市公司总市值也从 2.25 万亿元下降到 9 950 亿元，此后又逐渐回暖，总体在波动中上升（图 5.3）。中国县域总市值在内地上市公司总市值的占比较低，一直处于 8.7% 左右（图 5.4）。

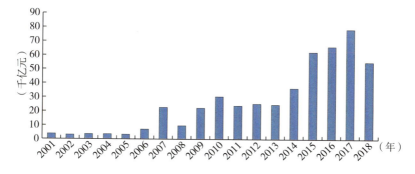

图 5.3 中国县域上市公司总市值

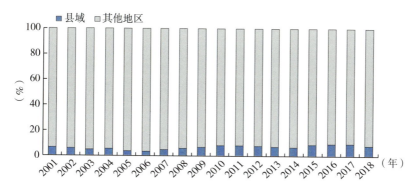

图 5.4 中国县域上市公司总市值占全国（不含港澳台）比重

（二）资本效率

中国县域的人均上市公司数量增长态势良好，从 2001 年每百万人 1.97 家增长至 2018 年每百万人 6.8 家，增长了 2.5 倍，年均增速约为 7.6%。2001—2018 年，中国县域的人均上市公司数量一直高于全国平均水平，且差距在不断扩大。2001 年，中国县域的人均上市公司数量仅为全国平均水平的 1.59 倍；而到了 2018 年，这一数值已经扩大为 1.81 倍（图 5.5）。

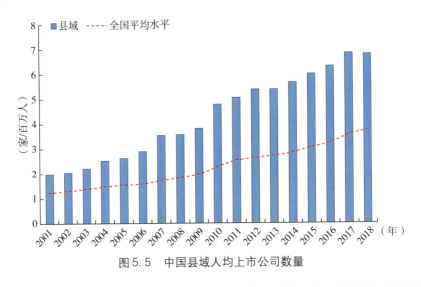

图 5.5　中国县域人均上市公司数量

中国县域的人均上市公司市值波动较大，总体上与全国平均水平呈现你追我赶的良好态势。中国县域的人均上市公司市值从 2001 年 0.6 万元/人增长到 2018 年的 5.01 万元/人，增长了 7.35 倍，年均增速达到 13.3%（图 5.6）。2003—2008 年，中国县域的人均上市公司市值略低于全国平均水平，但在 2009 年实现了反超，2015—2017 年，中国县域的人均上市公司市值显著高于全国平均水平。

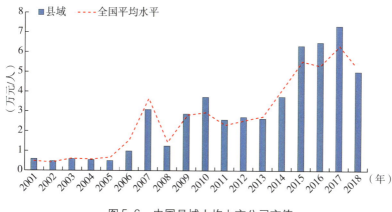

图5.6　中国县域人均上市公司市值

（三）产业新兴度

产业新兴度指标由市场对不同行业的估值度量，因此随市场基本面的波动而波动。总体而言，中国县域产业新兴度高于全国平均水平，这反映我国县域上市公司的产业更加偏向新兴产业（图5.7）。

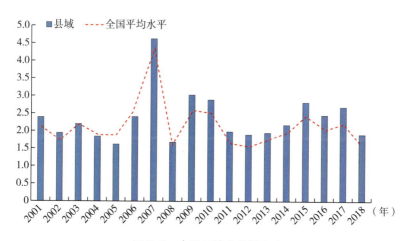

图5.7　中国县域产业新兴度

（四）中国县域资本活力现状分析与未来展望

十六大提出"要大力发展县域经济"，县域不仅承担了为城市经济发展提供人力和资金资源的供给功能，而且对推动中国产业升级和经济增长起到了巨大的推动作用。[①] 中国经济发展大体经过三个阶段：第一个阶段是 20 世纪 70 年代开始的农村经济体制改革，第二个阶段是 20 世纪 80 年代后期开始的中国城市经济体制改革，第三个阶段就是以国家宏观经济政策开始侧重于县域为重要标识的"县域经济大发展"。[②] 我国共有县域 1 867 个，截至 2018 年已有 312 个县域拥有上市公司，相较于 2001 年仅有 94 个县域拥有上市公司，县域资本活力取得了显著发展。

目前，县域已具有如下发展优势：高度的政策偏向度和社会关注度；各具特色的自然禀赋；巨大的发展潜力；较高的资本实力增速。但如果要充分发挥县域经济对产业升级和全国经济增长的推动作用，维持中国经济健康快速发展，促进我国消费需求大幅提升，缩小城乡差距，实现经济的"包容性增长"，还需要做出以下努力：均衡区域发展；优化产业结构；借力资本市场。

目前，中国行政区经济体系已基本形成，包含省域经济、城市经济、县域经济、镇域经济和村域经济，而县域经济作为中国行政区经济体系中最基础的单元和中国经济增长的重要引擎，已经得到党中央和社会各界的高度关注。习近平总书记在视察湖北县域经济发展情况时提出，我

① 中国社会科学院工业经济研究所课题组. 中国县域经济推动产业升级实践 ［M］. 社会科学文献出版社，2013.
② 梁行. "县域经济"：中国发展第 3 阶段 ［J］. 华人时刊，2007（1）：10 – 15.

第五章　中国县域资本活力指数报告

国经济已由高速增长阶段转为高质量发展阶段，且我国社会主要矛盾已转化为人民日益增长的美好生活需要和不平衡不充分发展之间的矛盾，同时习近平总书记指出县一级工作做好了，党和国家的全局工作就有了坚实基础。由此可见，县域经济对提升经济发展、促进社会稳定的推动作用正在不断提高。虽然近几年，随着中国经济进入新常态，县域经济在国民经济中的占比显著下降、增速放缓、发展高度分化，但受宏观经济环境和各种国家政策的影响，县域的洼地效应得到了充分发挥。另外，中国地域辽阔，不同县域之间甚至同一县域内部，在资金、人口、环境、文化等经济发展的先决条件上都存在着巨大的差异[①]，而资源禀赋的不同决定了不同县域在资本市场发展模式、发展速度、发展潜力和发展水平等方面也会存在一定的差异。研究和借鉴拥有不同资源禀赋的县域在资本市场发展方面的经验与教训，也可以为提高中国整体和城市资本活力提供更多有深度、多维度、有价值的建议。

通过研究中国县域资本活力，本报告发现中国县域在产业、人才、公共服务、环境治理等方面的一体化质量不高，同时存在如下问题：（1）县域发展不够均衡。从县域分布来看，我国有越来越多的县域开始拥有了上市公司，但是这些县域仍占少数，仍有近81.7%的县域未曾拥有上市公司。从县域上市公司规模和人口效率看，2018年，上市公司数量最多的县域（江阴）是最少县域（光泽、新兴等）的34倍，上市公司总市值最大的县域（仁怀）是最小县域（罗山）的近12万倍；人均上市公司数量最多的县域（江阴）是最少县域（双河）的64.8倍，人均上市公司市值最大的县域（仁怀）是最小县域（罗山）的近13万倍，最高值和最

---

①　张毅. 中国县域经济差异变化分析［J］. 中国农村经济，2010（11）：15–25.

低值之间差距巨大。另外，我国东南沿海县域和中西部县域之间也存在着较大的差距，并且在增长速度上也存在着明显的优劣势。所以，虽然县域经济在全国经济发展中发挥了越来越重要的作用，但我国县域经济发展不均衡的问题依然无法被忽视。（2）产业结构有待升级。从产业结构上看，由于我国地域辽阔，东西部县域主打产业差异较大，但相邻县域内主打产业相似，因此我国县域产业结构存在分布过散、县域间分工协作不够、部分县域同质化竞争较为严重等问题。另外，我国县域产业在产业类型选择上也普遍偏向于中小型工业型企业，因此，我国县域产业也存在风险抵御能力较弱、政府扶持政策依赖度较高等隐患。目前，长三角县域和粤港澳县域在持续推动新兴产业的发展（如医疗保健行业和信息技术行业）、升级传统产业、引入新兴产业、加强地区产业的多元性等方面起到了模范带头作用，未来其他县域也应坚持升级制造业、促进新兴产业发展的道路，继而增强地区经济的抗风险能力。（3）资本市场占比偏低。从县域上市公司占内地上市公司总量的比重看，2001—2018年，市值和数量占比均不足 20%，在资本市场中，县域并不占据优势地位。为充分发挥县域经济的推动作用和稳定作用，未来应充分挖掘并发挥县域资本市场的发展潜力和动力。

基于以上分析，本报告认为中国县域在地理空间、产业结构、经济体制方面还存在一些改进空间，具体体现在：在地理空间方面，要因地制宜，根据各地的资源禀赋选择合适的发展路径，充分发挥县域的洼地效应，实现县域内部、县域与县域以及县域与城市之间优势互补。在产业结构方面，鼓励产业做大做强，推进新兴产业升级，通过发挥各县域的比较优势，促进县域之间的分工协作。在经济体制方面，尽可能为资本市场提供一个稳定健康的社会、政治和法律环境。进一步消除市场壁垒和体制机制障碍，创造生产要素流动和公共服务一体化的政策环境。加强彼此间的交流与合作，围绕区域创新体系建设，整合科技创新要素和资源。

三、　中国县域资本活力指数排行榜

（一）资本活力指数综合排名情况

2018 年，中国内地 1 867 个县域中共有 312 个县域有上市公司，本报告只列示拥有上市公司县域的资本活力情况。其中，县域中资本活力综合排名前 10 位的分别是晋江、余姚、土默特左旗、德清、新昌、江阴、新兴、惠安、仁怀和昆山。这些县域或在上市公司资本规模，或在上市公司资本效率，或在上市公司产业新兴度方面有着极为优异的表现，在中国县域资本活力发展中起到模范带头作用。从省份分布看，浙江有 3 个县域上榜，福建和江苏分别有 2 个县域上榜，内蒙古、广东和贵州各有 1 个县域上榜。2018 年综合排名前 30 位的县域，主要集中在浙江、江苏和福建，占比分别为 37%、17% 和 13%（表 5.7）。

表 5.7　2018 年中国县域资本活力指数综合得分前 30 位排行榜

排名	省/自治区	市	县域
1	福建	泉州	晋江
2	浙江	宁波	余姚
3	内蒙古	呼和浩特	土默特左旗
4	浙江	湖州	德清
5	浙江	绍兴	新昌
6	江苏	无锡	江阴
7	广东	云浮	新兴
8	福建	泉州	惠安

（续表）

排名	省/自治区	市	县域
9	贵州	遵义	仁怀
10	江苏	苏州	昆山
11	江苏	苏州	张家港
12	吉林	通化	通化
13	江苏	镇江	丹阳
14	浙江	台州	玉环
15	福建	南平	光泽
16	浙江	嘉兴	桐乡
17	浙江	嘉兴	海宁
18	浙江	金华	东阳
19	湖南	长沙	浏阳
20	新疆	昌吉	昌吉
21	山东	烟台	龙口
22	江苏	南通	如东
23	河南	南阳	内乡
24	山西	吕梁	汾阳
25	浙江	绍兴	诸暨
26	浙江	宁波	慈溪
27	浙江	嘉兴	平湖
28	福建	福州	福清
29	浙江	台州	临海
30	山东	滨州	邹平

2018 年资本活力综合指数排名前 10 位的县域是晋江、余姚、土默特左旗、德清、新昌、江阴、新兴、惠安、仁怀和昆山。这些县域在发展资本活力时有各自不同的特点。

（1）晋江：晋江上市公司数量从 2001 年的 1 家增长到 2018 年的 28 家，年均增速达 21.7%，实现了上市公司规模的急速扩张，其上市公司数量排名自 2004 年后，一直名列前 3 位，2013 年、2014 年和 2015 年更是位列首位。晋江上市公司总市值从 2001 年的 24 亿元左右增长到 2018 年的 2 280 亿元左右，年均增速达到 30.72%，从 2004 年起，晋江上市公司总市值挤进了前 10 位，2008 年之后更是稳定在县域前 4 位。晋江上市公司资本效率排名略逊于上市公司规模，自 2008 年起也稳定在前 10 位。相较于公司规模和资本效率，晋江产业新兴度排名的表现不是那么亮眼。

（2）余姚：与晋江相比，余姚的五大评价指标排名虽不突出，但胜在发展均衡。2001—2018 年，余姚上市公司数量从 1 家增长到 7 家，年均增速为 12.12%，上市公司总市值从 42 亿元增长到 960 亿元，2018 年上市公司总市值排名挤入县域前 10 位。余姚资本效率排名略逊于资本规模排名，人均效率有待提高，另外，产业新兴度排名波动上升且波动较大。

（3）土默特左旗：至 2018 年，土默特左旗只有 2 家上市公司，但上市公司总市值较高，自 2013 年起，上市公司总市值稳定在县域前 6 位。同时，人均上市公司市值排名也一直位于中国县域的前 4 位，但产业新兴度发展后劲不足，从 2011 年的县域第 1 位跌至 2018 年的 40 位开外。

（4）德清：德清第一家上市公司于 2004 年上市，资本活力异常活跃，从 2004 年县域综合排名第 114 位猛升至第 4 位。德清 2018 年上市公司数量是 2004 年的 9 倍，上市公司总市值是 2004 年的 141 倍，资本规模发展迅速。德清资本效率也有了显著提升，自 2015 年起，资本效率稳居前 10 位。相比于资本规模和资本效率，产业新兴度提升动力不足。

（5）新昌：2004—2018 年，新昌上市公司数量从 2 家增长到 9 家，翻了两番多，上市公司总市值从 2004 年的 22.3 亿元增长至 2018 年的 998 亿元，上市公司总市值排名从第 37 位提升至第 8 位。新昌的资本效率表现极为出色，2018 年，人均上市公司数量排名为县域的第 3 位，人均实力较强，但人均上市公司市值排名略微落后于人均上市公司数量，排在第 6 位。产业结构发展相对不足，未来有待提升。

（6）江阴：江阴资本市场发展较早，拥有较大的上市公司规模和较强的实力，增长也较为稳定。总体而言，江阴保持在中国县域综合排名前 6 位左右，但相较于早期，产业新兴度不足使江阴排名略有下降。18 年间，江阴上市公司数量排名稳居第 1 位（除 2014 年和 2015 年外），上市公司总市值排名维持在县域前 7 位，资本效率排名也一直名列前茅。2018 年，江阴产业新兴度排名仅为第 139 位。

（7）新兴：至 2018 年，新兴的上市公司仅有一家温氏企业，但作为行业龙头，该公司市值增速较快，使新兴上市公司总市值年均增速达到了 66%，2015 年、2016 年和 2018 年，新兴上市公司总市值排名和人均上市公司市值排名均排进县域前 5 位，人均上市公司数量排名略显逊色。

（8）惠安：16 年间，惠安上市公司数量增加了 2 家，上市公司总市值增加了 47 倍，年均增速为 29.4%，上市公司实力得到较大提升。惠安人均上市公司数量和人均上市公司市值排名略低于上市公司规模排名。惠安产业新兴度排名略有波动，2018 年与 2017 年相比上升了 4 位。

（9）仁怀：仁怀上市公司仅有贵州茅台，但除 2003 年上市公司总市值为县域第 10 位，其余年份仁怀上市公司市值均排进县域前 5 位，自 2014 年起，人均上市公司市值一直排在县域第 1 位。2018 年，仁怀产业新兴度为县域第 1 位。

（10）昆山：昆山的上市公司数量不少，但规模较小，2009—2018 年，上市公司数量从 1 家增加至 13 家，排名也从县域第 175 位跃至第 10 位，但由于缺少龙头企业，上市公司总市值排名仅从第 135 位提升至 33 位。人均上市公司数量排名和人均市值排名走势与资本规模排名基本一致。2018 年，昆山产业新兴度排名相比 2017 年有所上升（图 5.8）。

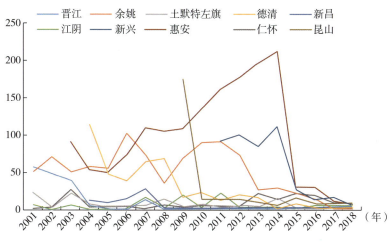

图5.8 中国县域资本活力指数综合排名情况

（二）上市公司数量排名情况

2018 年，县域上市公司数量排名前 15 位的县域分别是江阴、晋江、张家港、宜兴、诸暨、昆山、海宁、常熟、桐乡、德清、新昌、丹阳、温岭、龙口、慈溪。从省份分布看，2018 年上市公司数量排名前 15 位的县域中，浙江有 7 个县域上榜，江苏有 6 个县域上榜，福建和山东各有 1 个县域上榜。2018 年上市公司数量前 30 位的县域主要集中在浙江、江苏、福建和山东，占比分别为 50%、23.1%、10.3% 和 10.3%（表5.8）。

表5.8 2018 年中国县域上市公司数量前 30 位排行榜

排名	省/自治区	市	县域
1	江苏	无锡	江阴
2	福建	泉州	晋江
3	江苏	苏州	张家港

（续表）

排名	省/自治区	市	县域
4	江苏	无锡	宜兴
5	浙江	绍兴	诸暨
6	江苏	苏州	昆山
7	浙江	嘉兴	海宁
7	江苏	苏州	常熟
9	浙江	嘉兴	桐乡
10	浙江	湖州	德清
10	浙江	绍兴	新昌
10	江苏	镇江	丹阳
10	浙江	台州	温岭
10	山东	烟台	龙口
10	浙江	宁波	慈溪
16	浙江	金华	东阳
17	浙江	宁波	象山
17	浙江	嘉兴	平湖
17	浙江	宁波	余姚
17	浙江	温州	乐清
17	浙江	台州	临海
17	湖南	长沙	浏阳
23	福建	泉州	石狮
23	福建	福州	福清
23	浙江	台州	天台
23	浙江	台州	玉环
23	江苏	苏州	太仓
23	山东	潍坊	诸城
29	新疆	昌吉	昌吉
29	山东	滨州	邹平
29	广东	揭阳	普宁

（续表）

排名	省/自治区	市	县域
29	湖南	长沙	长沙
29	福建	福州	闽侯
29	浙江	金华	义乌
29	江苏	泰州	靖江
29	浙江	绍兴	嵊州
29	浙江	嘉兴	嘉善
29	江苏	南通	如皋
29	山东	潍坊	寿光

从历史演变过程看，江阴基本上一直稳居县域上市公司数量的前2位，昆山是县域上市公司数量排名中上升最快的。自2010年起，前5位县域的上市公司数量遥遥领先，排名只在内部互换，从未与其他县域交替过。此外，上市公司数量排名上升较快的县域有丹阳、温岭、龙口和昆山（图5.9）。

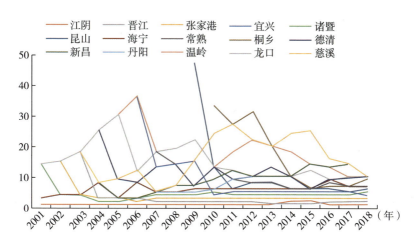

图5.9 中国县域上市公司数量排名情况

（三）上市公司总市值排名情况

2018 年，县域上市公司总市值排名前 10 位的分别是仁怀、晋江、江阴、土默特左旗、新兴、张家港、桐乡、新昌、余姚和德清。从省份分布来看，2018 年上市公司数量排名前 10 位的县域中，浙江有 4 个县域上榜，江苏有 2 个县域上榜，贵州、福建、内蒙古和广东均有 1 个县域上榜。2018 年上市公司总市值前 30 位的县域主要集中在浙江、福建、广东、河南、江苏和山东，占比分别为 40%、13.3%、6.67%、6.67%、6.67% 和 6.67%（表 5.9）。

表 5.9　中国县域上市公司总市值前 30 位排行榜

排名	省/自治区	市	县域
1	贵州	遵义	仁怀
2	福建	泉州	晋江
3	江苏	无锡	江阴
4	内蒙古	呼和浩特	土默特左旗
5	广东	云浮	新兴
6	江苏	苏州	张家港
7	浙江	嘉兴	桐乡
8	浙江	绍兴	新昌
9	浙江	宁波	余姚
10	浙江	湖州	德清
11	浙江	台州	玉环
12	河北	廊坊	固安
13	河南	洛阳	栾川
14	福建	龙岩	上杭
15	浙江	温州	乐清
16	福建	泉州	惠安
17	浙江	宁波	慈溪
18	辽宁	大连	瓦房店

（续表）

排名	省/自治区	市	县域
19	福建	福州	福清
20	山东	烟台	龙口
21	河南	南阳	内乡
22	广东	揭阳	普宁
23	浙江	金华	东阳
24	浙江	台州	临海
25	浙江	绍兴	诸暨
26	浙江	嘉兴	平湖
27	新疆	昌吉	昌吉
28	浙江	嘉兴	海宁
29	湖南	长沙	浏阳
30	山东	滨州	邹平

从上市公司总市值排名的历史演变过程看，仁怀和江阴稳步前进，18 年间始终名列前茅。土默特左旗和晋江在波动中前进，2018 年分别雄踞县域第 4 位和县域第 2 位。此外，张家港上市公司总市值排名自2001—2018 年上升较快，从第 94 位上升至第 6 位（图 5.10）。

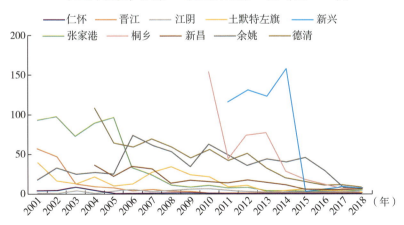

图 5.10　中国县域上市公司总市值排名情况

（四）人均上市公司数量排名情况

2018 年，县域人均上市公司数量排名前 10 位的分别是江阴、晋江、新昌、德清、张家港、石狮、海宁、桐乡、昆山、宜兴。从省份分布看，2018 年人均上市公司数量排名前 10 位的县域中，浙江和江苏各有 4 个县域上榜，福建有 2 个县域上榜。2018 年人均上市公司数量前 30 位的县域，主要集中在浙江、江苏和福建，占比分别为 36.67%、23.33% 和 13.33%（表 5.10）。

表 5.10 中国县域人均上市公司数量前 30 位排行榜

排名	省/自治区	市	县域
1	江苏	无锡	江阴
2	福建	泉州	晋江
3	浙江	绍兴	新昌
4	浙江	湖州	德清
5	江苏	苏州	张家港
6	福建	泉州	石狮
7	浙江	嘉兴	海宁
8	浙江	嘉兴	桐乡
9	江苏	苏州	昆山
10	江苏	无锡	宜兴
11	青海	海西	格尔木
12	浙江	嘉兴	平湖
13	山东	烟台	龙口
14	辽宁	大连	长海
15	浙江	台州	玉环
16	新疆	昌吉	昌吉
17	浙江	绍兴	诸暨
18	浙江	嘉兴	嘉善

（续表）

排名	省/自治区	市	县域
19	浙江	宁波	象山
20	内蒙古	锡林郭勒盟	西乌珠穆沁旗
21	江苏	苏州	太仓
22	内蒙古	通辽	霍林郭勒
23	江苏	苏州	常熟
24	江苏	镇江	丹阳
25	安徽	宣城	宁国
26	四川	阿坝	汶川
27	浙江	台州	天台
28	福建	漳州	长泰
29	浙江	金华	东阳
30	福建	宁德	柘荣

从人均上市公司数量排名的历史演变过程看，晋江后来居上，江阴一直稳步增长，这两个县域人口效率最高。张家港、德清和石狮的人均上市公司数量排名近年来也一直保持在前5位。此外，人均上市公司数量排名上升较快的县域有宜兴、张家港、昆山和晋江（图5.11）。

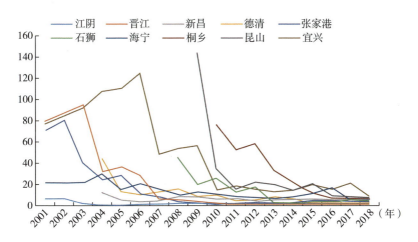

图5.11　中国县域人均上市公司数量排名情况

151

（五）人均上市公司市值排名情况

2018年，县域人均上市公司市值排名前10位的县域分别是仁怀、土默特左旗、格尔木、新兴、西乌珠穆沁旗、新昌、栾川、晋江、德清、玉环。从省份分布看，2018年县域人均上市公司市值排名前10位的县域中，浙江有3个县域上榜，内蒙古有2个县域上榜，其余为贵州、青海、广东、河南和福建，均有1个县域上榜。2018年人均上市公司市值前30位的县域，主要集中在浙江、福建和内蒙古，占比分别为26.67%、13.33%和10%（表5.11）。

表5.11 中国县域人均上市公司市值前30位排行榜

排名	省/自治区	市	县域
1	贵州	遵义	仁怀
2	内蒙古	呼和浩特	土默特左旗
3	青海	海西	格尔木
4	广东	云浮	新兴
5	内蒙古	锡林郭勒盟	西乌珠穆沁旗
6	浙江	绍兴	新昌
7	河南	洛阳	栾川
8	福建	泉州	晋江
9	浙江	湖州	德清
10	浙江	台州	玉环
11	浙江	嘉兴	桐乡
12	河北	廊坊	固安
13	内蒙古	通辽	霍林郭勒
14	福建	龙岩	上杭
15	江苏	无锡	江阴
16	江苏	苏州	张家港
17	新疆	昌吉	昌吉
18	福建	南平	光泽

（续表）

排名	省/自治区	市	县域
19	吉林	通化	通化
20	浙江	宁波	余姚
21	浙江	嘉兴	平湖
22	山东	烟台	龙口
23	广东	韶关	乳源
24	河南	南阳	内乡
25	山东	烟台	招远
26	浙江	杭州	桐庐
27	福建	泉州	惠安
28	辽宁	大连	瓦房店
29	山西	吕梁	汾阳
30	浙江	嘉兴	海宁

从人均上市公司市值排名的历史演变过程看，仁怀和土默特左旗后劲十足，后来居上，格尔木稳步提升，这三个县域人口效率最高。栾川波动较大，但也基本上稳定在前列。人均上市公司市值排名上升较快的县域有德清、新兴和晋江（图5.12）。

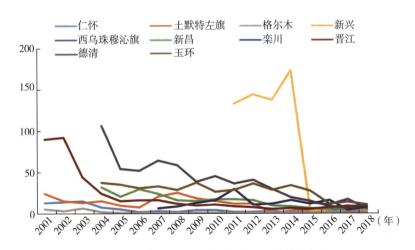

图5.12　中国县域人均上市公司市值排名情况

（六）产业新兴度排名情况

2018 年，县域上市公司产业结构排名前 30 位的县域，从省份分布看，湖南、河南和新疆分别有 4 个县域上榜，安徽、河北、山东和山东各有 2 个县域上榜，其余为福建、甘肃、广东、广西、贵州、黑龙江、江苏、辽宁、内蒙古、青海，均有 1 个县域上榜，分布较为分散（表5.12）。

表 5.12　中国县域产业新兴度排行榜

排名	省/自治区	市	县域
1	贵州	遵义	仁怀
1	山西	吕梁	汾阳
3	广东	云浮	新兴
3	福建	南平	光泽
3	河南	南阳	内乡
3	辽宁	大连	长海
3	安徽	六安	霍山
3	甘肃	陇南	徽县
3	新疆	伊犁	新源
3	内蒙古	巴彦淖尔	磴口
3	湖南	湘西	吉首
3	江苏	淮安	涟水
3	青海	海东	互助
3	河北	廊坊	三河
3	新疆	巴音郭楞	库尔勒
3	新疆	新疆	阿拉尔
3	山东	烟台	蓬莱
3	河北	邯郸	曲周
3	湖南	益阳	南县

（续表）

排名	省/自治区	市	县域
3	河南	信阳	潢川
3	湖南	岳阳	汨罗
3	广西	玉林	容县
3	黑龙江	齐齐哈尔	克东
3	河南	商丘	虞城
3	湖南	常德	桃源
3	河南	周口	项城
3	安徽	合肥	庐江
3	新疆	新疆	双河
3	山西	晋中	太谷
3	山东	潍坊	青州

第六章

京津冀城市资本活力指数报告

一、 京津冀城市总体状况

（一）京津冀城市介绍

2014 年 2 月 26 日，习近平主席在北京主持召开座谈会，专题听取京津冀协同发展工作汇报，强调实现京津冀协同发展是面向未来打造新的首都经济圈、推进区域发展体制机制创新的需要，是探索完善城市群布局和形态、为优化开发区域发展提供示范和样板的需要，是探索生态文明建设有效路径、促进人口经济资源环境相协调的需要，是实现京津冀优势互补、促进环渤海经济区发展、带动北方腹地发展的需要，是一项重大国家战略，要坚持优势互补、互利共赢、扎实推进，加快走出一条科学持续的协同发展路子来。2015 年 4 月 30 日，中共中央政治局召开会议，审议通过《京津冀协同发展规划纲要》，京津冀协同发展迎来实质发展期，河北各地开始积极承接北京外迁产业。2016 年 2 月，《"十三五"时期京津冀国民经济和社会发展规划》印发实施，这是全国第一个跨省市的区域"十三五"规划，明确了京津冀地区未来五年的发展目标。

第六章 京津冀城市资本活力指数报告

京津冀区域包括北京、天津以及河北省的保定、唐山、廊坊等11个地级市。目前，这"11＋2"座城市以全国2%左右的面积占比，聚集了全国7%的人口，贡献了全国（不含港澳台）9%的GDP。京津冀是我国开放程度最高、经济活力最强的区域之一，也是环渤海地区和东北亚的重要核心区域，以北京和天津作为区域发展的核心引擎，增强对周边区域发展的辐射带动作用，在国家发展大局中具有重要战略地位。

在这"11＋2"座城市中，北京和天津的地区生产总值遥遥领先于其他京津冀城市。其中，北京的地区生产总值已超过3万亿元，天津的地区生产总值则接近2万亿元（图6.1）。唐山和石家庄则以超过5 000亿元的地区生产总值，成为河北省的经济领先城市，也成为京津冀地区的中坚

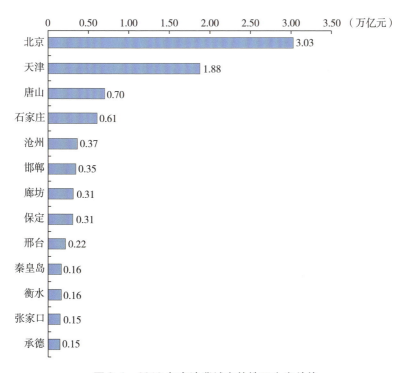

图6.1 2018年京津冀城市的地区生产总值

力量。沧州、邯郸、廊坊、保定、邢台、秦皇岛、衡水、张家口和承德的地区生产总值不足 5 000 亿元，经济发展水平较为落后。从经济体量这一角度看，京津冀地区的经济发展水平不太均衡，领先城市与落后城市的差异巨大（图 6.1）。

（二）典型城市及上市公司介绍①

1. 石家庄

石家庄是河北省省会，全省政治、经济、科技、金融、文化和信息中心，是国务院批准实行沿海开放政策和金融对外开放的城市。在首都北京的西南方向，距北京 283 千米。截至 2017 年底，石家庄辖区总面积 13 109 平方千米（不包括河北省直管的辛集面积 960 平方千米），全市常住总人口为 1 087.99 万人。常住人口城镇化率 61.64%，户籍人口城镇化率 45.8%。石家庄市辖 8 区 13 县（市），拥有 2 个国家级开发区。2013 年 6 月 1 日，原石家庄辛集调整区划设置，划归河北省直接管辖。2014 年 9 月 9 日，国务院批复河北省政府关于石家庄市部分行政区划调整的请示（国函〔2014〕122 号），同意撤销石家庄市桥东区、藁城市、鹿泉市、栾城县，同时设立石家庄市藁城区、鹿泉区、栾城区。2018 年，石家庄全市生产总值 6 082.6 亿元，同比增长 7.4%。一般公共预算收入、全部财政收入分别完成 519.7 亿元、1 075.5 亿元，分别增长 12.8%、13.5%。全社会固定资产投资比上年增长 6.1%，社会消费品零售总额增长 9.1%。

---

① 典型城市依据 2018 年资本活力综合排名的领先城市选出（以前章节已介绍的城市不再介绍，按资本活力综合排名往后顺延），各城市文字介绍来源于各地方政府官网，各公司文字介绍来源于 Wind 数据库。

表6.1　石家庄市值排名前5位的上市公司介绍

证券代码	公司简称	上市地点	公司简介
000709.SZ	河钢股份	深圳	河钢股份是国内最大的钢铁上市公司之一，拥有国际先进水平的工艺技术装备，具备进口钢材国产化、高端产品升级换代的强大基础，在钒钛钢铁冶炼和钒产品生产技术方面处于世界领先地位。
000413.SZ	东旭光电	深圳	东旭光电是国内领先的集液晶玻璃基板装备制造、技术研发及生产销售于一体的高新技术企业，是全球领先的光电显示材料供应商，产业上下游纵向布局及横向联动不断深化，逐渐形成有综合竞争力的新兴产业集群。
002603.SZ	以岭药业	深圳	以岭药业是由石家庄以岭药业有限公司整体变更设立的股份有限公司。公司主要致力于中成药的研发、生产与销售，是国家高新技术企业。公司拥有通过GMP（生产质量管理规范）认证的胶囊、片剂、颗粒剂、针剂生产线，以及通过欧盟认证的化学药制剂车间。
600803.SH	新奥股份	上海	新奥股份是石家庄第一家上市公司，拥有煤炭、煤基化工、液化天然气、生物制药和能源技术工程集成服务等业务板块。核心业务涵盖天然气加工和投资；能源技术工程服务；甲醇、二甲醚能源化工产品生产和销售；煤炭开采与洗选；生物制农兽药、原料药及制剂研发、生产与销售。
000600.SZ	建投能源	深圳	建投能源是河北省的能源投资主体，主营业务为投资、建设、运营管理以电力生产为主的能源项目，公司电力业务以燃煤火力发电和供热为主，同时涉及核电、风电、水电等新能源项目投资。

2. 天津

天津是中国四大直辖市之一，地处华北平原东北部，海河流域下游，是海河五大支流南运河、子牙河、大清河、永定河、北运河的汇合处和入海口，素有"九河下梢""河海要冲"之称。天津地处太平洋西岸环渤海经济圈的中心，背靠华北、东北、西北地区，面向东北亚，不仅毗邻首都，还是华北、西北广大地区的出海口，是亚欧大陆桥中国境内距离最短的东部起点。北距北京 120 千米，是拱卫京畿的要地和门户。天津疆域周长约 1 290 千米，其中海岸线长 153 千米，陆界长 1 137 千米。市域总面积 11 916.9 平方千米，海域面积 3 000 余平方千米。天津现辖 16 个区，共有 124 个镇，3 个乡，118 个街道。截至 2016 年末，天津常住人口 1 562.12 万人，比上年末增加 15.17 万人。其中，外来人口 507.54 万，增加 7.19 万人，占常住人口增量的 47.4%。2016 年末全市户籍人口 1 044.40万人。

表6.2　天津市值排名前5位的上市公司介绍

证券代码	公司简称	上市地点	公司简介
01918. HK	融创中国	香港	融创中国是一家专业从事住宅及商业地产综合开发的企业，公司坚持区域聚焦和高端精品发展战略。迄今已在京、津、沪、渝、杭拥有众多处于不同发展阶段的项目，产品涵盖高端住宅、别墅、商业、写字楼等多种物业类型。
001965. SZ	招商公路	深圳	招商公路是招商局集团二级企业，总部设于北京，是以招商局华建公路投资有限公司为主体整体改制设立而成。招商公路主要从事经营性收费公路的投资及专业化运营管理，经营范围涵盖公路投资运营、交通科技、智慧交通、招商生态等业务板块。
601919. SH	中远海控	上海	中远海控是中远海运集团以航运及码头为主营业务的上市旗舰企业和资本平台。公司旗下的集装箱航运板块，主要经营国际、国内海上集装箱运输服务及相关业务，旗下集装箱船队运力规模排名稳居世界前列，集装箱码头年总吞吐量排名蝉联世界第一。

（续表）

证券代码	公司简称	上市地点	公司简介
601808. SH	中海油服	上海	中海油服隶属油田服务行业，是中国近海最具规模的油田服务供应商，也是亚洲地区功能最全、服务链最完整、最具综合性的海上油田服务公司。公司的业务涉及石油及天然气勘探、开发及生产的各个阶段，主要分为钻井服务、油田技术服务、船舶服务、物探勘察服务四大板块。
600535. SH	天士力	上海	天士力是以大健康产业为主线，以生物医药产业为核心，以健康产业和医疗康复、健康养生、健康管理为两翼的高科技国际化企业集团，是天津市重点支持的大企业集团之一，主营现代中药、化学药品的科研、种植、提取、销售等。

3. 唐山

唐山，因其市区中部大城山（原名唐山）而得名。唐山地处交通要塞，是华北地区通往东北地区的咽喉地带，同时地处渤海湾中心地带。唐山总面积 13 472 平方千米，辖区面积 5 478.9 平方千米，中心城区规划面积 210 平方千米，建成区面积 117.2 平方千米。2018 年底，唐山市辖 3 个县级市（迁安、遵化、滦州），4 个县，7 个区，4 个开发区。2018 年底全市总人口 758.08 万人，净增 2.64 万人，增加 3.5‰。城镇人口 348.04 万人。省内（外）迁入 2.47 万人，省内（外）迁出 4.43 万人，迁出比迁入多 1.96 万人。2018 年，唐山市工业增加值 3 467.6 亿元，比上年增长 6.3%，其中规模以上工业增加值增长 8.2%。年末规模以上工业企业 1 712 家，其中年内新建投产企业 83 家。在规模以上工业中，从不同的经济类型看，国有控股企业增加值增长 3.0%，股份制企业增长 9.3%，外商及港澳台商投资企业增长

0.2%，私营企业增长11.0%。从不同的门类看，采矿业下降0.7%，制造业增长8.6%，电力、热力、燃气及水生产和供应业增长10.0%。四大支柱产业增加值增长6.9%，占规模以上工业比重为88.6%，其中精品钢铁产业增长9.5%，装备制造产业增长6.5%，现代化工产业下降0.2%，新型建材及装配式住宅产业下降4.2%。五大新兴产业增加值增长15.1%，占规模以上工业比重为7.8%。战略性新兴产业增加值增长14.4%，占规模以上工业比重为13.4%。高新技术产业增加值增长17.7%，占规模以上工业比重为9.7%。

表6.3　唐山市值排名前5位的上市公司介绍

证券代码	公司简称	上市地点	公司简介
002049.SZ	紫光国微	深圳	紫光国微是紫光集团旗下半导体行业上市公司，专注于集成电路芯片设计开发领域，是目前国内领先的集成电路芯片设计和系统集成解决方案供应商。
000401.SZ	冀东水泥	深圳	冀东水泥是一家综合型建材企业，集水泥、混凝土业务平台，集水泥、混凝土、砂石骨料、干混砂浆、外加剂、环保、耐火材料、物流、矿粉等为一体，形成上下游配套的完整建材产业链，布局京、津、冀、辽、吉、黑、蒙、陕、晋、鲁、豫等多个省市。
601000.SH	唐山港	上海	唐山港是唐山港京唐港区的拓荒者，在京唐港区的投资、建设、运营中发挥着主导作用。公司属于交通运输仓储行业，主要从事港口综合运输业务，具体包括港口装卸、运输、堆存、保税仓储、港口综合服务等业务类型。

（续表）

证券代码	公司简称	上市地点	公司简介
600409. SH	三友化工	上海	三友化工是一家具有特色循环经济模式的集团型企业，是全国纯碱和化纤行业的知名企业。公司主导产品"三友"牌纯碱先后荣获"河北省免检产品"和"中国名牌"等多项荣誉称号，销售市场覆盖全国多个省、市、自治区，并远销亚、非、拉美、澳多个国家和地区。
601258. SH	庞大集团	上海	庞大集团是以汽车销售服务为主的汽车营销企业，原隶属于唐山市冀东物贸集团有限责任公司，其前身"唐山市冀东机电设备有限公司"最早可追溯至1988年成立的滦县物资局机电设备公司。主营业务涉及汽车流通、贸易。

4. 保定

保定是首都的"南大门"，以"保卫大都，安定天下"而得名。保定与北京相伴而生，市区距京津石均为 130 千米左右，素有"冀北干城、都南屏翰"之称。在京津冀协同发展这一重大国家战略中，保定处于京津保率先联动发展的核心区，是重要的区域性中心城市。保定辖 4 市（定州为省直管试点）、5 区、15 县和 2 个开发区，总面积 2.2 万平方千米，常住人口 1 149 万人。其中，市区面积 2 531 平方千米，人口 280.6 万人。2018 年，保定全市生产总值 3 050 亿元，与去年同比增长 7% 左右（不含雄安三县，下同）；地方一般公共预算收入 256.7 亿元，增长 11.4%；固定资产投资增长 5.9%，实际利用外资增长 22.2%；社会消费品零售总额增长 9.1%，规模以上工业增加值增长 5.1%；城乡居民人均可支配收入分别增长 8%、9.5%，呈现总体平稳、稳中有进、稳中向好的发展态势。

表6.4 保定市值排名前5位的上市公司介绍

证券代码	公司简称	上市地点	公司简介
601633. SH	长城汽车	上海	长城汽车是全球知名的SUV（运动型实用汽车）制造企业，公司多次入选"中国企业500强""中国机械500强""中国制造500强"，连续多年上榜"福布斯亚太最佳上市公司""福布斯2000强""《财富》中国500强""BrandZ最具价值中国品牌100强"等，并被评为中国机电进出口商会的"推荐出口品牌"。
600482. SH	中国动力	上海	中国动力原是军用起动铅酸蓄电池的定点生产单位，多年来公司引进了多条蓄电池专用生产线和检测设备。公司在国内汽车起动电池市场占有率较高，并连续多年跻身"中国汽车零部件百强企业"和"中国机械工业百强企业"。
600550. SH	保变电气	上海	保变电气是中国兵器装备集团公司的控股企业，秉承并发展了原保定变压器厂的主要优良资产和大型变压器科研成果及产品品牌。公司已成为中国最大的输变电设备专业制造企业之一，生产了一系列代表世界输变电领域最高水平的尖端产品。
01727. HK	河北建设	香港	河北建设是一家全国领先的综合性民营建设集团，主要为房屋建筑和基础设施建设项目的工程承包业务提供集成解决方案。弗若斯特·沙利文公司的资料显示，按2016年收益计，河北建设是京津冀地区最大、中国第二大的民营建筑公司。
000687. SZ	华讯方舟	深圳	华讯方舟是一家致力于推进国防与军队信息化建设的综合防务服务商。公司目前组建了深圳技术中心、北京中央研究院等技术研发中心，打造了南京、成都、北京等产业基地，构建了以武汉、香港等多个办事处为市场分支的经营格局。

5. 衡水

衡水是河北下辖的地级市，位于河北东南部。衡水东部与沧州和山东德州毗邻，西部与石家庄接壤，南部与邢台相连，北部同保定和沧州交界。市政府所在地桃城区北距首都北京 250 千米，西距省会石家庄 119 千米。2016 年底，衡水设 2 个市辖区、1 个县级市、8 个县，共 11 个县级行政单位。衡水共有常住人口 152 万户，454 万人，其中市镇人口 152 万人。2018 年，衡水市实现地区生产总值 1558.7 亿元，按可比价格计算，比上年增长 6.9%。其中第一产业增加值 200.5 亿元，增长 4.0%；第二产业增加值 639.3 亿元，增长 4.9%；第三产业增加值 718.9 亿元，增长 9.8%。全市人均 GDP 为 34 898 元，比上年增长 6.6%。三次产业增加值占全市生产总值的比重分别为 12.9%、41.0% 和 46.1%，第三产业比重首次超过第二产业。

表6.5　衡水市值排名前 5 位的上市公司介绍

证券代码	公司简称	上市地点	公司简介
603156.SH	养元饮品	上海	养元饮品是中国最早进入核桃饮料行业的企业之一，是国内核桃饮料生产规模最大的龙头企业。经过多年发展，公司与其"养元""养元六个核桃"核桃饮料成为公司销售区域中消费者认知度最高的核桃饮料厂商和品牌之一。
600559.SH	老白干酒	上海	老白干酒是一家主营白酒的企业，主导产业是衡水老白干酒的生产和销售、商品猪及种猪的饲养及销售，饲料的生产与销售。公司的前身衡水老白干酒厂，其主导产品衡水老白干酒有着 1 800 多年的酿造历史。
02025.HK	瑞丰动力	香港	瑞丰动力是一家专业缸体（为汽车发动机的主要结构）制造商。此外，公司亦为知名缸盖生产商。公司的经营规模及超卓的生产能力使公司能够争取到部分中国领先汽车制造商。

二、 京津冀城市资本活力总体状况

（一）资本规模

京津冀城市的上市公司数量实现了稳定增长，从 2001 年的 139 家增长至 2018 年的 668 家，增长了 3.8 倍，年均增速达 9.7%，增长态势良好（图 6.2）。京津冀城市上市公司数量在全国（不含港澳台）所占的比重约为 15%，占比较低且比较稳定（图 6.3）。

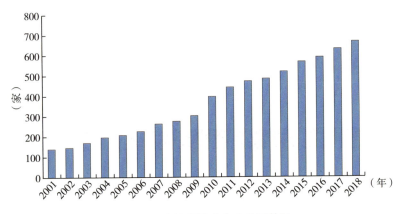

图 6.2　京津冀城市上市公司数量

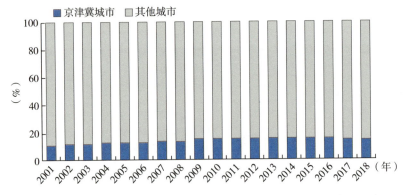

图 6.3　京津冀城市上市公司数量占全国（不含港澳台）比重

第六章　京津冀城市资本活力指数报告

京津冀城市的上市公司总市值呈现波动增长的趋势,从 2001 年的 1.25 万亿元增长至 2018 年的 20.3 万亿元,增长了 15.2 倍,年均增速达 17.8% (图 6.4)。2006 年以后,京津冀城市上市公司总市值在全国(不含港澳台)总市值的占比有所下降,目前占比约为 32%(图 6.5)。

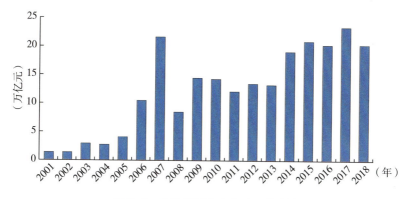

图 6.4　京津冀城市上市公司总市值

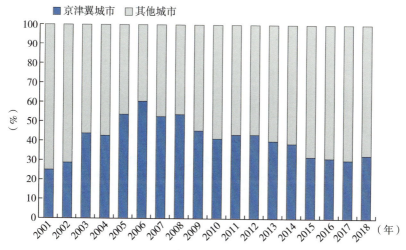

图 6.5　京津冀城市上市公司总市值占全国(不含港澳台)比重

（二）资本效率

京津冀城市的人均上市公司数量稳定增长，从 2001 年的每百万人 1 家增长至 2018 年的每百万人 7 家，增长了 6 倍，年均增速约 12.1%。京津冀城市的人均上市公司数量比全国平均水平高，但增速差距不大（图 6.6）。

京津冀城市的人均上市公司市值也领先于全国平均水平，且优势逐步扩大。京津冀城市的人均上市公司市值从 2001 年的 1.3 万元提高到 2018 年的 20.5 万元，增长了 14.8 倍，年均增速达到 17.6%（图 6.7）。截至 2018 年，京津冀城市的人均上市公司市值已经超过全国平均水平的 3.5 倍。

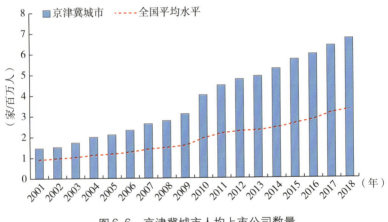

图 6.6　京津冀城市人均上市公司数量

（三）产业新兴度

产业新兴度指标由市场对不同行业的估值度量，因此随市场基本面的波动而波动。总体而言，京津冀城市产业新兴度平均水平要低于全国平均水平，产业新兴度的改善速度低于全国平均水平（图 6.8）。

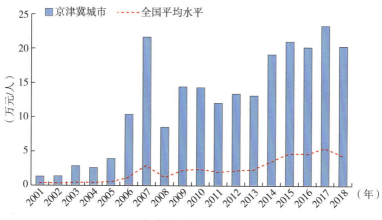

图6.7　京津冀城市人均上市公司市值

图6.8　京津冀城市产业新兴度

三、　京津冀城市资本活力指数排名分析

京津冀城市资本活力指数排名中，排名前3位的城市为石家庄、北京和天津（表6.6），且这3座城市在近十年都保持在资本活力综合排名前6位。廊坊、衡水和秦皇岛的资本活力综合排名有了显著提升，唐山、保定、沧州和张家口的资本活力综合排名则比较稳定，邯郸、承德和邢台

的资本活力综合排名显著下降。

表6.6 京津冀城市资本活力指数综合得分排行榜

资本活力指数排名	城市	资本活力指数排名	城市
1	石家庄	8	秦皇岛
2	北京	9	沧州
3	天津	10	邯郸
4	唐山	11	承德
5	保定	12	邢台
6	衡水	13	张家口
7	廊坊		

（一）排名领先的城市：石家庄、北京和天津

从资本活力指数综合排名的历史演变看，石家庄、北京和天津在京津冀城市中一直具有显著优势，综合排名一直保持在前列。其中，北京和天津的排名一直保持在京津冀城市的前3位，石家庄的排名则有一些波动（图6.9）。

北京作为大型国企和央企的聚集地，资本规模排名具有显著优势，始终位于京津冀城市的第1位，资本效率排名也始终位于京津冀城市的第1位。截至2018年末，北京已有上市公司超过500家，上市公司总市值超过19万亿元。北京的人均上市公司数量也已达到39家/百万人，人均上市公司市值达1.2万元/人，遥遥领先于京津冀区域的其他城市。在京津冀城市中，天津的资本规模和资本效率也具有显著优势，始终保持在京津冀城市的前3位。天津已有上市公司约60家，上市公司总市值达5 800亿元，人均上市公司数量达6家/百万人，人均上市公司市值达4万

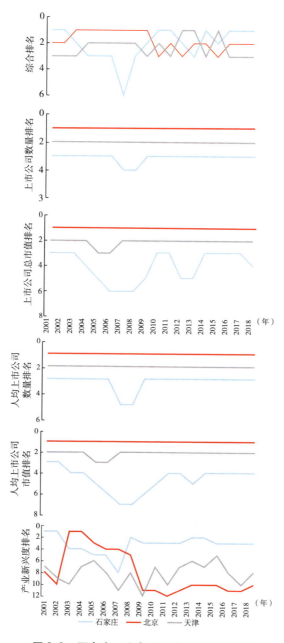

图6.9　石家庄、北京和天津各项排名走势

元/人。石家庄作为河北省的省会，也是河北省上市公司数量最多的城市，但上市公司总市值排名低于上市公司数量排名，反映出石家庄的上市公司平均规模偏小。截至 2018 年末，石家庄上市公司数量超过 20 家，上市公司总市值超过 1 500 亿元，人均上市公司数量超过 2 家/百万人，人均上市公司市值接近 9 000 元/人，但仍与北京和天津有较大的差距。

在产业结构方面，石家庄、北京和天津的产业结构都比较多元（图 6.10）。石家庄有较好的医疗保健业基础，并逐步发展了材料行业和信息技术业，形成了材料业、信息技术业和医疗保健业并重的产业结构，产业新兴度排名较高。早期，北京的能源行业市值占有绝对主导地位。此后，北京的产业市值分布慢慢以金融行业为主，其他行业市值占比均较低，这使北京近十年来的产业新兴度排名均较低。天津一直具有良好的工业基础，目前天津行业市值占比最高的仍然是工业。此外，房地产业、医疗保健业和信息技术业也在天津有一定的市值占比。

（二）排名上升较快的城市：廊坊、衡水和秦皇岛

在京津冀城市中，廊坊、衡水和秦皇岛的资本活力综合排名提升比较明显（图 6.11）。18 年间，廊坊的资本活力综合排名从第 10 位提升至第 7 位，并曾取得第 4 位的好成绩。衡水的综合排名从最末位提升至第 6 位，秦皇岛近年来的排名也有显著提升。

廊坊的资本规模排名和资本效率排名都有显著提升。2002 年以后，廊坊的上市公司数量排名从第 11 位提升至第 6 位，上市公司总市值排名从第 10 位提升至第 3 位，这反映廊坊新增的上市公司平均规模较大。资本规模和资本效率排名的提升使廊坊的资本活力综合排名显著上升。2001 年，衡水还没有本地上市公司。2002 年，以养猪和饲料业务为主，

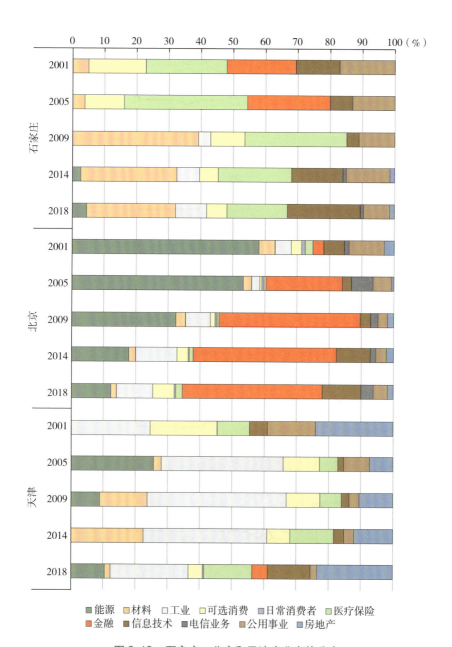

图 6.10　石家庄、北京和天津产业市值分布

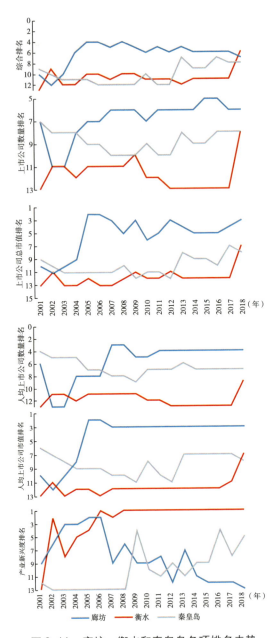

图6.11　廊坊、衡水和秦皇岛各项排名走势

同时发展白酒业务的河北裕丰实业股份有限公司在 A 股上市，成为衡水第一家本地上市企业。2018 年，瑞丰动力和养元饮品相继上市，使衡水的资本规模排名和资本效率排名迅速提升，资本综合排名也迅速提升。秦皇岛的资本活力排名提升主要源于市值、人均市值和产业新兴度排名的提升。18 年间，秦皇岛的上市公司总市值增长了 4.4 倍，年均增速 30%。

在产业结构方面，廊坊的房地产业和公用事业市值占比不断上升，信息技术业市值占比下降，这使廊坊的产业新兴度排名显著下降（图 6.12）。衡水的产业市值基本被日常消费品占据，这主要是因为养元饮品的市值远远超过衡水其他上市企业。早期，秦皇岛的可选消费业市值占比较高，目前则以工业行业为主，信息技术业为辅。

（三）排名无明显变化的城市：唐山、保定、沧州和张家口

在京津冀城市中，唐山、保定、沧州和张家口的资本活力指数综合排名虽有波动，但最新排名与最初排名的差异不大（图 6.13）。唐山和保定的综合排名保持在第 3 位至第 7 位之间，张家口的综合排名则一直位于京津冀城市的末位。沧州排名波动较大，但近年来稳定在第 7 位至第 9 位之间。

唐山和保定的资本规模和资本效率表现均比较好，资本规模排名稳定保持在京津冀城市的第 3 位至第 6 位之间，资本效率排名则保持在第 3 位至第 8 位之间。沧州的资本规模排名和资本效率排名都有小幅上升，这得益于沧州近年来新增的几家上市公司。张家口的资本活力发展则比较缓慢和滞后，资本规模排名和资本效率排名始终较低。

从产业结构看，唐山、保定、沧州和张家口的产业结构都较为单一

（图 6.14）。早期，唐山、保定和沧州都是材料业的市值占据绝对主导。在后期发展过程中，唐山逐步发展出了能源业、工业、可选消费业和信息技术业上市公司，并形成了以材料业、工业为主，信息技术业为辅的产业结构。保定的材料业市值占比下降明显，形成了工业和可选消费业并重的产业结构。沧州的产业结构变化不大，上市公司依然以材料业公

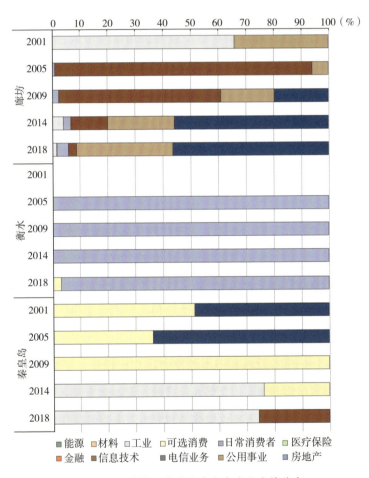

图 6.12　廊坊、衡水和秦皇岛产业市值分布

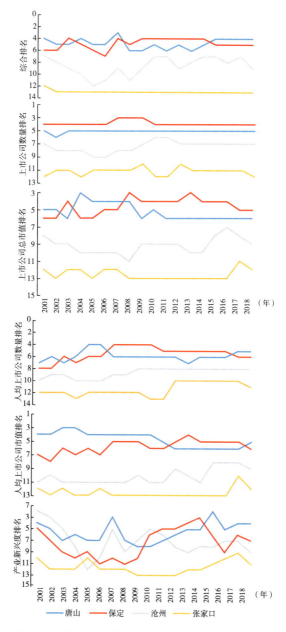

图 6.13 唐山、保定、沧州和张家口各项排名走势

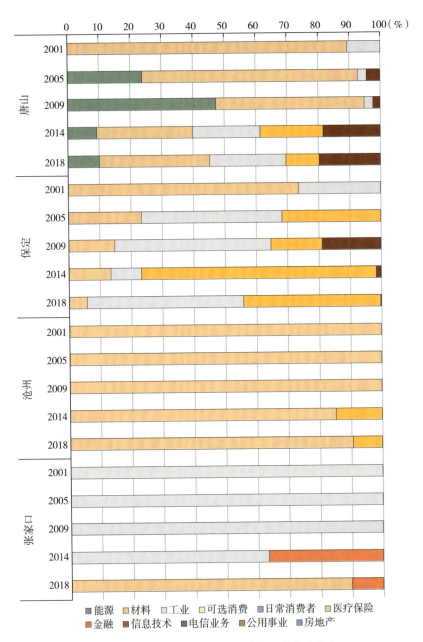

图 6.14 唐山、保定、沧州和张家口产业市值分布

司为主，产业市值也基本由材料业市值构成。张家口目前仅有 2 家上市公司，因河北宣工由单一的工程机械产品生产和销售升级为矿产的开发、运营及自产矿产品的加工、销售和服务，张家口的主导行业也由工业变为了材料业。

（四）排名明显下降的城市：邯郸、承德和邢台

在京津冀城市中，邯郸、承德和邢台的资本活力指数综合排名有明显下降（图 6.15），均从京津冀城市的中游下降至靠后的位置，资本规模和资本效率发展缓慢，发展速度落后于其他京津冀城市。

截至 2018 年末，邯郸、承德和邢台的上市公司数量均不足 3 家，上市公司总市值都不足 300 亿元，资本规模和增速都显著落后于其他京津冀城市，资本规模排名有所下降。资本效率方面，三座城市的人均上市公司数量均不足 1 家/百万人，人均上市公司市值均不足 4 000 元/人，资本效率排名较低，且仍有明显的下降趋势。

邯郸、承德和邢台的上市公司产业结构均比较单一（图 6.16）。邯郸的产业结构一直以材料业为主，并逐步发展了消费类行业，但发展速度较慢。承德一直以日常消费品行业为主打行业，这主要源于承德的知名品牌"露露"饮品。邢台的产业结构一直以能源行业为主，并辅以材料业。由于能源行业和材料业的市场估值持续走低，导致邢台的产业新兴度排名也明显下降。

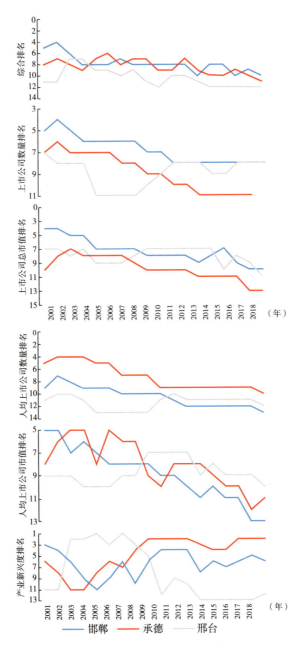

图 6.15　邯郸、承德和邢台各项排名走势

第六章 京津冀城市资本活力指数报告

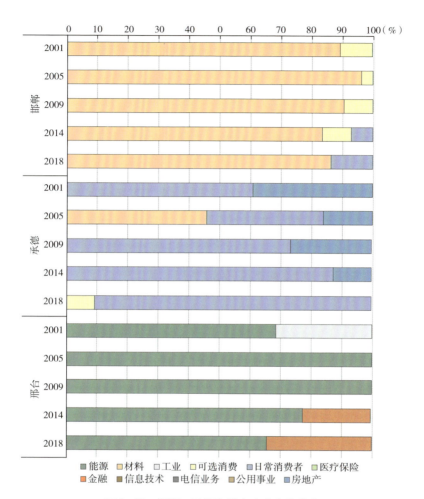

图6.16 邯郸、承德和邢台产业市值分布

181

第七章

粤港澳大湾区城市资本活力指数报告

一、 粤港澳大湾区城市总体状况

（一）粤港澳大湾区城市介绍

本报告中的湾区是指围绕一个或数个相邻港湾、海湾、岛屿形成的发展共同体。当今世界普遍认为，湾区是带动区域经济发展和引领技术变革的领头羊，由此衍生的经济被称为湾区经济。[①] 目前，东京湾区、纽约湾区和旧金山湾区是世界公认的三大知名湾区。为了更好地发展珠三角区域经济，更全面地发挥粤港澳地区的区域联动作用，2017 年 3 月 5 日，李克强在第十二届全国人大五次会议的《政府工作报告》中提出，要推动内地与港澳深化合作，研究制定粤港澳大湾区城市群发展规划，发挥港澳独特优势，提升港澳在国家经济发展和对外开放中的地位与功能。自此，粤港澳大湾区规划成为国家继"一带一路"、"长江经济带"和"京津冀协同发展"三大战略布局之后的又一重大战略布局。

---

① 中国指数研究院：《粤港澳大湾区城市发展群规划解析》，2017 年 5 月。

第七章　粤港澳大湾区城市资本活力指数报告

粤港澳大湾区包括香港、澳门和广州、深圳、珠海、佛山、惠州、东莞、中山、江门和肇庆。目前,这"9+2"座城市以全国1%左右的面积占比,聚集了全国5%的人口,贡献了全国(含港澳)12%的GDP。粤港澳大湾区是我国开放程度最高、经济活力最强的区域之一,以香港、澳门、广州、深圳四大中心城市作为区域发展的核心引擎,继续发挥比较优势做优做强,增强对周边区域发展的辐射带动作用,在国家发展大局中具有重要的战略地位。

在这"9+2"座城市中,香港、深圳和广州的地区生产总值是最高的,均超过了2万亿元,在粤港澳大湾区中也作为核心城市存在(图7.1)。佛山和东莞则以接近1万亿元的地区生产总值,成为粤港澳大湾

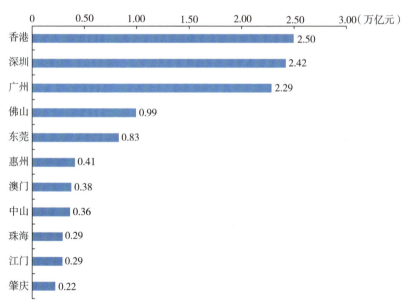

图7.1　2018年粤港澳大湾区城市的地区生产总值①

————————

① 香港和澳门的地区生产总值按2018年12月31日的汇率换算为人民币计价。

区的中坚力量，为整个大湾区提供良好的制造业基础和产业配套体系。惠州、中山、珠海、江门和肇庆的地区生产总值不足 5 000 亿元，但也有各自的主打产业，未来可以更好地融入大湾区的整体规划，协同发展。澳门的经济结构较为单一，经济体量也较小，但有着独特的对外交流和对接的优势，在大湾区的规划中也起着非常重要的作用。

（二）典型城市及上市公司介绍①

1. 香港

香港是中华人民共和国成立的特别行政区。香港位于中国的东南端，由香港岛、大屿山、九龙半岛以及新界（包括 262 个离岛）组成。位于香港岛和九龙半岛之间的维多利亚港，是举世闻名的深水海港。香港特区总面积为 1 106.66 平方千米，总人口为 739 万人，其中绝大部分为华裔人士。香港的经济素以自由贸易、低税率和最少政府干预著称。香港在全球贸易经济体系中排行第 7 位，最主要的贸易伙伴是内地。香港的经济以服务业为主，与内地和亚太其他地区的联系尤其密切。2017 年末，香港本地生产总值达 2.5 万亿港元，本地人均 GDP 为 36 万港元。

表 7.1　香港市值排名前 5 位的上市公司介绍

证券代码	公司简称	上市地点	公司简介
00941. HK	中国移动	香港	中国移动有限公司于 1997 年 9 月 3 日在香港成立，并于 1997 年在纽约证券交易所和香港联合交易所有限公司上市。本集团在中国内地

---

① 典型城市依据 2018 年资本活力综合排名的领先城市选出（以前章节已介绍过的城市不再介绍，按资本活力综合排名往后顺延），各城市文字介绍来源于各地方政府官网，各公司文字介绍来源于 Wind 数据库。

（续表）

证券代码	公司简称	上市地点	公司简介
00941. HK	中国移动	香港	所有31个省、自治区、直辖市以及香港特别行政区提供全业务通信服务，业务主要涵盖移动话音和数据、有线宽带，以及其他通信信息服务，是中国内地最大的通信服务供货商，亦是全球网络和客户规模最大、盈利能力领先、市值排名位居前列的世界级电信运营商。
00267. HK	中信股份	香港	中信股份（中国中信股份有限公司）由总部位于北京的中信集团持股78%，为香港上市公司。作为中国最大的综合性企业，中信股份的主要业务覆盖了金融业、资源能源业、制造业、房地产及基础设施业、工程承包业，以及其他行业的诸多业务领域，在海内外市场广泛运营。
00011. HK	恒生银行	香港	恒生银行是香港最大的上市公司之一。其主要业务包括零售银行及财富管理、企业及商业银行、财资业务，以及私人银行服务。恒生银行亦同时提供全面的人民币服务。恒生银行在香港通过约260个服务网点，为逾半香港成年人口服务。恒生银行在深圳设有分行，经营外汇批发业务，并于澳门及新加坡设有分行，以及在台北设有代表处。
00016. HK	新鸿基地产	香港	新鸿基地产是一家投资控股公司。该公司从事出售及出租物业的开发及投资业务、酒店运营业务、电信业务、运输业务、基础设施业务以及物流业务。物业销售部门及物业出租部门在香港、内地及新加坡开展业务。出售物业开发业务包括土地收购、项目策划、销售推广以及物业管理。
02388. HK	中银香港	香港	中银香港是香港主要上市商业银行集团之一。中银香港及其附属机构通过设在香港的260多家分行、逾600部自动柜员机和其他服务及销售渠道，向个人客户和企业客户提供全面的金融产品与服务。中银香港是香港三家发钞银行之一。中银香港被中国人民银行委任为香港人民币业务的清算行，并于2010年7月13日获得人民银行授权为台湾人民币现钞业务清算行，向台湾地区提供人民币现钞清算服务。

2. 中山

广东中山，古称香山，人杰地灵，名人辈出，是一代伟人孙中山先生的故乡。中山位于珠江三角洲中南部，珠江口西岸，北连广州，毗邻港澳，总面积 1 783.67 平方千米，常住人口 331 万人，旅居世界各地的海外华侨和港澳台同胞共计 80 多万人，连续多年保持广东省第 5 位的经济总量。中山是一座社会和谐、经济兴旺、环境优美、民生幸福的现代化城市。中山经济运行总体平稳。2018 年全市实现生产总值 3 632.7 亿元，增长 5.9%，人均 GDP 为 11.1 万元，位居全省前列。中山规模以上工业增加值 1 093.5 亿元，增长 3.1%；服务业增加值 1 790.9 亿元，增长 7.6%；固定资产投资 1 116.4 亿元，增长 5.5%；社会消费品零售总额 1 490.8 亿元，增长 4.5%。外贸总量扩大、结构优化，进出口总额超 2 300 亿元，一般贸易占比达 53.5%。一般公共预算收入 315.2 亿元，增长 0.8%。完成省市重点项目投资 559.2 亿元。九大市级产业平台建设扎实推进，在建项目 95 个，总投资额 544.2 亿元。引进招商项目 548 个，总投资额 1 516.5 亿元。

表7.2 中山市值排名前 5 位的上市公司介绍

证券代码	公司简称	上市地点	公司简介
600872. SH	中炬高新	上海	中炬高新是全国 53 个国家级高新区中的首家上市公司，也是中山首家上市公司。公司致力于资产经营和资本运营，投资范围涉及国家级高新区的开发与招商、房地产业、健康食品业、汽车配件业、航运服务业等领域。
002745. SZ	木林森	深圳	木林森是集 LED（发光二极管）封装与 LED 应用产品为一体的综合性光电高新技术企业。公司专注于 LED 封装及应用系列的产品研发、生产与销售业务。产品广泛应用于家用电子产品、灯饰、景观照明、交通信号、平板显示及亮化工程等领域。

（续表）

证券代码	公司简称	上市地点	公司简介
03319.HK	雅生活服务	香港	雅生活服务是中国领先的专注于中高端物业的物业管理服务供货商。2017年，公司收购了绿地物业，并于2017年8月引入绿地控股作为公司的战略股东之一。依靠雅居乐集团和绿地控股两大物业开发行业领跑者，公司透过"雅居乐物业"和"绿地物业"两大知名品牌开展经营。
002511.SZ	中顺洁柔	深圳	中顺洁柔是国内首家A股上市的生活用纸企业，专业生产生活用纸系列产品。公司拥有"洁柔""太阳"等国内生活用纸知名品牌，主要产品为卷纸、手帕纸、软抽纸和盒巾纸等。
000685.SZ	中山公用	深圳	中山公用自成立以来，成功实施借壳上市、资产重组、开发上下游产业链等重大举措，现已发展成为以环保水务为核心业务，涵盖农贸市场运营、金融服务与股权投资等业务领域的企业集团。

3. 东莞

东莞位于广东中南部，珠江口东岸，东江下游的珠江三角洲，因地处广州之东，境内盛产莞草而得名。东莞毗邻港澳，处于广州至深圳经济走廊中间。截至2017年底，西北距广州市中心区59千米，东南距深圳市中心区99千米，距香港中心区140千米。东莞东西长70.45千米，南北宽46.8千米，全市陆地面积2 460.1平方千米，海域面积82.57平方千米。2018年，东莞常住人口839.22万人，其中户籍人口231.59万人；城镇常住人口763.86万人，人口城镇化率为91.02%。2018年出生户籍人口4.1万人，出生率为18.35‰；死亡人口1.03万人，死亡率为4.60‰；人口自然增长率为13.75‰。2018年，东莞有流动人口453.4万人，其中男性240万人，女性213.4万人，总人数比上年增长3.38%。按流动人口

来源地分析，广东（除东莞外）、湖南、广西、湖北、四川、河南、江西
7 个省（区）在东莞有流动人口 352.3 万人，占总人数的 77.7%。截至
2017 年底，东莞拥有工业企业 15.1 万家，形成涉及 30 多个行业的完整
制造业体系，其中制造业重点行业包括五大支柱产业——电子信息制造
业、电气机械及设备制造业、纺织服装鞋帽制造业、食品饮料加工制造
业、造纸及纸制品业，以及四个特色产业——玩具及文体用品制造业、
家具制造业、化工制造业、包装印刷业。

表7.3 东莞市值排名前 5 位的上市公司介绍

证券代码	公司简称	上市地点	公司简介
600183. SH	生益科技	上海	生益科技始终立足于高标准、高品质、高性能、高可靠性，自主生产覆铜板、半固化片、绝缘层压板、金属基覆铜箔板、涂树脂铜箔、覆盖膜类等高端电子材料，产品销往美洲、欧洲、韩国、日本、东南亚等世界多个国家和地区。
300376. SZ	易事特	深圳	易事特长期致力于现代电力电子产业技术领域，积累了丰富的高频电能变换与控制等关键核心技术，系统布局高端 UPS（不间断）电源、大数据、云计算、逆变器、储能、充电桩等相关产业。
002717. SZ	岭南股份	深圳	岭南股份是一家集生态环境与园林建设、文化与旅游、投资与运营为一体的全国性集团化公司。主要从事园林工程施工、景观规划设计、绿化养护及苗木产销等主营业务。
01381. HK	粤丰环保	香港	粤丰环保是一家领先的垃圾焚烧发电企业，专注于垃圾焚烧发电厂的建设、管理及营运。目前，公司拥有三座垃圾焚烧发电厂，即科伟垃圾焚烧发电厂、科维垃圾焚烧发电厂及中科垃圾焚烧发电厂，这些发电厂均位于中国广东东莞。

（续表）

证券代码	公司简称	上市地点	公司简介
000712.SZ	锦龙股份	深圳	锦龙股份是在深圳证券交易所挂牌交易的上市公司。2000年公司进行了重大资产重组，转制为民营控股的上市公司，现公司第一大股东为东莞市新世纪科教拓展有限公司，公司主要依托中山证券和东莞证券开展证券业务。

4. 惠州

惠州位于广东东南部，属珠江三角洲东北、东江中下游地区，处在客家文化、广府文化和潮汕文化的交汇地带，各种文化相互交融。全市土地面积11 347平方千米，海域面积4 519平方千米，海岸线长281.4千米，是广东海洋大市之一。惠州半岛与海湾相间，良港较多，岛屿罗列，有大小岛屿162个。惠州现辖惠城区、惠阳区、惠东县、博罗县、龙门县，设有大亚湾经济技术开发区和仲恺高新技术产业开发区两个国家级开发区。2018年末全市常住人口483.00万人，人口密度426人/平方千米，户籍人口380.90万人，人口出生率14.37‰，死亡率3.71‰，自然增长率10.66‰。2017年，惠州市民营经济增加值1 684.62亿元，比上年增长7.7%，高于全市GDP增速0.1%，增加值总量占全市GDP总量的44.0%。其中规模以上民营工业增加值604.19亿元，增长11.7%，占全市规模以上工业增加值的30.6%。有民营经济46.13万户，增长16.3%，其中私营企业12.62万家，增长23.5%；个体工商户33.27万户，增长13.8%。全市民营经济上缴税收538.98亿元，增长20.6%，占全市税收总额的57.2%；民间投资完成1 526.59亿元，增长10.9%，占全市固定资产比重68.3%。全年全体居民人均可支配收入33 930元，增长9.1%，剔除价格因素，实际增长7.2%。

表7.4　惠州市值排名前5位的上市公司介绍

证券代码	公司简称	上市地点	公司简介
000100. SZ	TCL 集团	深圳	TCL 集团创立于 1981 年，38 年来 TCL 一直坚守实业，在持续变革创新中突出竞争优势。2018 年底，TCL 集团启动了以专业化经营为核心的重组，转型为聚焦半导体显示及材料业务的科技创新产业集团，并以产业牵引，发展产业金融和投资业务。
300014. SZ	亿纬锂能	深圳	亿纬锂能是国家级高新技术企业，专注于锂电池的创新发展。经过多年的努力，公司锂亚电池居世界前列，锂原电池居国内领先地位。公司主营业务是锂原电池和锂离子电池的研发、生产、销售，也提供锂电池相关的配套产品和服务。
002920. SZ	德赛西威	深圳	德赛西威是国际领先的汽车电子企业之一，是智能网联技术的积极推动者。德赛西威专注于人、机器和生活方式的无缝整合，为智能驾驶舱、智能驾驶以及车联网技术提供创新、智能、具有竞争力的产品解决方案和服务。
300476. SZ	胜宏科技	深圳	胜宏科技拥有一流的 PCB（印制线路板）生产设备及专业团队，专业从事高密度印制线路板的研发、生产和销售，主要产品为双面板、多层板［含 HDI（高密度互连）］等，产品广泛用于 LED 显示器、SERVER（服务器）、通信、医疗器械、新能源汽车、电脑周边等领域。
300735. SZ	光弘科技	深圳	光弘科技专业从事消费电子类、网络通信类、汽车电子类等电子产品的 PCBA 和成品组装，并提供制程技术研发、工艺设计、采购管理、生产控制、仓储物流等完整服务的电子制造服务。

5. 澳门

澳门位于中国大陆东南沿海，地处珠江三角洲的西岸，毗邻广东，与香港相距 60 千米，距离广州 145 千米。澳门的总面积因为沿岸填海造地而一直扩大，自有记录的 1912 年的 11.6 平方千米逐步扩展至 32.9 平方千米。澳门包括澳门半岛、氹仔岛和路环岛。嘉乐庇总督大桥、友谊大桥和西湾大桥把澳门半岛和氹仔岛连接起来，而路氹填海区把氹仔和路环两个离岛连为一体。截至 2017 年 12 月 31 日，澳门人口总数为 65 万人，人口密度 20 426 人/平方千米。人口密度最高的仍是黑沙环及佑汉区。澳门经济规模不大，但外向度高，是区内税率最低的地区之一，财政金融稳健，无外汇管制，具有自由港及独立关税区地位，是亚太区内极具经济活力的一员，也是连接内地和国际市场的重要窗口和桥梁。澳门特别行政区成立以来，在旅游博彩业的带动下，其经济保持了较快的增长速度。2017 年，澳门经济逐步走出深度调整期，初步呈现稳中趋好的态势。全年 GDP 为 4 000 亿元，增长 9.1%，终止了过去 3 年的经济收缩。

表 7.5 澳门市值排名前 5 位的上市公司介绍

证券代码	公司简称	上市地点	公司简介
01928. HK	金沙中国有限公司	香港	金沙中国是澳门领先的多用途综合度假村及娱乐场发展商、拥有人及营运商，主要在澳门地区经营娱乐场博彩及其他形式的竞赛游戏业务、开发及经营综合度假村及其他配套服务。
01128. HK	永利澳门	香港	永利澳门在澳门经营博彩业，为美国永利度假村旗下公司。永利澳门位于澳门半岛市区的博彩业中心，于 2006 年正式开业。2008 年，永利澳门成为澳门唯一一荣获美孚五星奖的酒店，是亚洲五家获此殊荣的酒店之一。
02282. HK	美高梅中国	香港	美高梅中国为大中华地区领先的娱乐场博彩度假酒店发展商、拥有者和运营商之一，亦为美高梅金殿超濠股份有限公司的控股公司。美高梅金殿持有澳门六个娱乐场经营权的其中之一，拥有并经营位于澳门半岛、屡获殊荣的顶级综合娱乐场度假酒店。

（续表）

证券代码	公司简称	上市地点	公司简介
01680. HK	澳门励骏	香港	澳门励骏是澳门娱乐及娱乐场博彩设施的领先拥有者之一。公司拥有两项主要物业——澳门置地广场酒店和澳门渔人码头。除经营酒店及非博彩娱乐物业外，公司亦为其他娱乐场提供博彩服务。
01183. HK	澳能建设	香港	澳能建设为澳门一家知名综合型建筑工程承建商及变电站建造商。公司主要提供：钢结构工程、土木工程建设与装修及翻新工程，高压变电站建设及其系统安装工程，及设施管理、改造及维修工程和服务。

二、 粤港澳大湾区城市资本活力总体状况

（一）资本规模

粤港澳大湾区城市的上市公司数量实现了快速增长，从 2001 年的 892 家增长至 2018 年的 2197 家，增长了 1.5 倍，年均增速达 5.4%，增长态势良好（图 7.2）。粤港澳大湾区城市上市公司数量在全国（含港澳）所占的比重超过 35%，但比重在逐渐降低（图 7.3）。

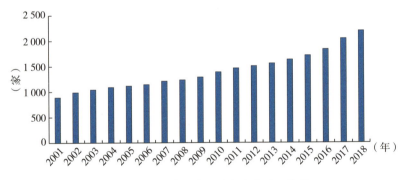

图 7.2　粤港澳大湾区城市上市公司数量

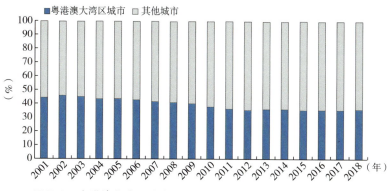

图7.3　粤港澳大湾区城市上市公司数量占全国（含港澳）比重

粤港澳大湾区城市的上市公司总市值呈现波动增长的趋势，从2001年的4.9万亿元增长至2018年的27.6万亿元，增长了4.6倍，年均增速达10.7%（图7.4）。2006年以后，粤港澳大湾区城市上市公司总市值在全国（含港澳）的比重有所下降，目前占比约为35%（图7.5）。

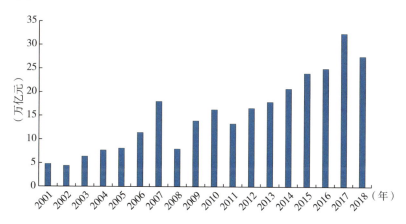

图7.4　粤港澳大湾区城市上市公司总市值

图 7.5 粤港澳大湾区城市上市公司总市值占全国（含港澳）比重

（二）资本效率

粤港澳大湾区城市的人均上市公司数量增长十分迅猛，从 2001 年的每百万人 22 家增长至 2018 年的每百万人 53 家，增长了 1.4 倍，年均增速约 5.3%。粤港澳大湾区城市的人均上市公司数量比全国平均水平高很多，且差距在逐年扩大，这主要因为香港的资本效率比内地高出很多，从而拉高了粤港澳大湾区的平均水平（图 7.6）。

粤港澳大湾区城市的人均上市公司市值也领先于全国平均水平，且优势逐步扩大。粤港澳大湾区城市的人均上市公司市值从 2001 年的 11.8 万元增长到 2018 年的 66.8 万元，增长了 4.7 倍，年均增速达到 10.7%（图 7.7）。截至 2018 年，粤港澳大湾区城市的人均上市公司市值已经超过全国平均水平的 14.8 倍。

（三）产业新兴度

产业新兴度指标由市场对不同行业的估值度量，因此随市场基本面的波动而波动。总体而言，粤港澳大湾区城市产业新兴度平均水平要低于全国平均水平，产业新兴度的改善速度也低于全国平均水平（图7.8）。

图7.6　粤港澳大湾区城市人均上市公司数量

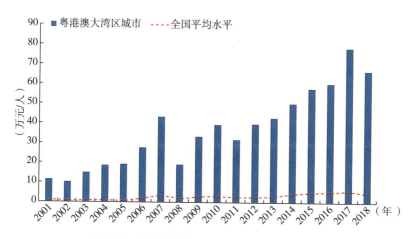

图7.7　粤港澳大湾区城市人均上市公司市值

图7.8　粤港澳大湾区城市产业新兴度

三、　粤港澳大湾区城市资本活力指数排名分析

在粤港澳大湾区城市资本活力指数排名中，排名前3位的城市为深圳、香港和珠海（表7.6），且这3座城市在近十年都保持着资本活力综合排名前5位的地位。广州的综合排名也比较靠前，保持在第3位至第4位。东莞和中山的综合排名上升较快，从大湾区末位上升至前7位。江门和肇庆的综合排名显著下降，从大湾区中游地位下降至最后2位。佛山、惠州和澳门的综合排名虽然有一定起伏，但与最初的排名差异不大。

表7.6　粤港澳大湾区城市资本活力指数综合得分排行榜

资本活力指数排名	城市	资本活力指数排名	城市
1	深圳	7	东莞
2	香港	8	惠州
3	珠海	9	澳门
4	广州	10	江门
5	佛山	11	肇庆
6	中山		

第七章　粤港澳大湾区城市资本活力指数报告

（一）排名领先的城市：深圳、香港、珠海和广州

从资本活力指数综合排名的历史演变看，深圳、香港、珠海和广州在粤港澳大湾区城市中一直具有显著优势，综合排名一直保持在前列。其中，深圳和香港的排名一直保持在粤港澳大湾区城市的前2位，珠海和广州则保持在第3位至第5位之间（图7.9）。

香港作为世界金融中心之一，资本市场发展比内地早很多，资本活力基础也较好。截至2018年末，已有超过1 400家上市公司将注册地、办公地或总部所在地设在香港，这些上市公司的总市值超过15万亿元，遥遥领先于粤港澳大湾区其他城市，资本规模排名始终保持着第1位的好成绩。深圳作为创业创新城市的代表，其上市公司数量有近400家，总市值达到8.7万亿元，也显著领先于除香港外的粤港澳大湾区城市，资本规模始终保持在第3位。广州作为广东省的省会，在粤港澳大湾区中有独特的政治和行政地位，也有较好的经济基础。广州的资本规模排名在粤港澳大湾区中始终保持第3位，已有上市公司近150家，上市公司总市值达1.5万亿元。珠海的资本规模也在粤港澳大湾区中位于前列，保持在第4位至第6位。截至2018年末，珠海已有上市公司近40家，上市公司总市值达4 000亿元。资本效率方面，香港也保持着绝对优势，人均上市公司数量和人均上市公司市值都远远领先于其他城市。深圳的资本效率也较高，在粤港澳大湾区内地城市中有绝对优势。珠海和广州的资本效率排名则位于第3位至第6位。总体而言，粤港澳大湾区城市之间的资本规模和资本效率差距较大，领先城市的排名比较稳定。

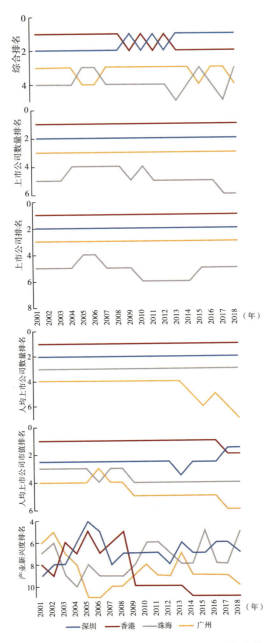

图 7.9 深圳、香港、珠海和广州各项排名走势

在产业结构方面，香港的产业结构比较稳定，以金融行业为主，房地产行业为辅，因而产业新兴度排名较低。但香港产业多元化程度较高，市值分布也比较均衡（图7.10）。深圳的传统制造业、房地产行业市值占比不断下降，一些估值较高的新兴行业市值占比不断提升，最终形成了以估值较高的信息技术行业为主、金融行业为辅的结构特点，产业新兴度排名较靠前。珠海和广州则都表现出了传统行业占比下降，消费类行业占比逐渐上升的特点。

（二）排名上升较快的城市：东莞和中山

在粤港澳大湾区城市中，东莞和中山的资本活力综合排名提升比较明显（图7.11）。18年间，东莞的资本活力综合排名从第10位提升至第7位，并曾取得第4位的好成绩。中山则从粤港澳大湾区城市的最末位，提升至第6位。

从资本规模方面的表现看，东莞的上市公司数量增长较快，但新增上市公司规模偏小，使其上市公司市值排名有所下降。18年间，东莞的上市公司数量增长了11.7倍，年均增速16.1%，目前已有上市公司近40家。东莞的上市公司总市值增长了7.9倍，年均增速13.7%，目前已超过1 500亿元。但是，东莞新增的上市公司规模偏小，上市公司平均市值从48亿元下降至42亿元。中山的上市公司数量和上市公司总市值增长速度较为一致，排名也较为一致。目前，中山已有约30家上市公司，总市值达1 500亿元。资本效率方面，东莞人均上市公司数量增长较为明显，人均上市公司市值排名则有所下降，中山的两项排名均有所提升。

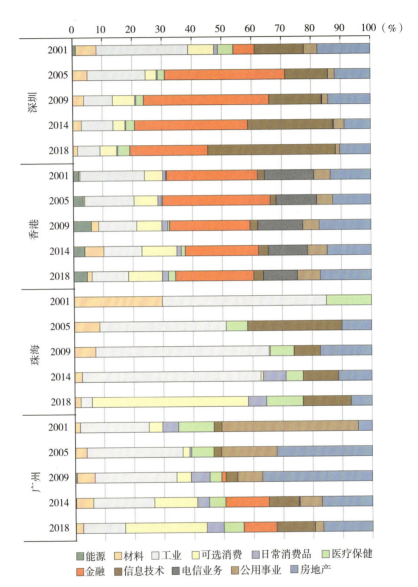

图 7.10　深圳、香港、珠海和广州产业市值分布

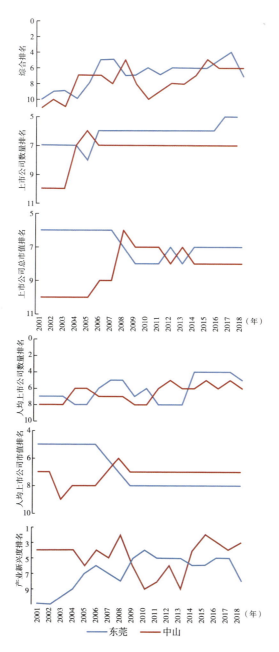

图 7.11　东莞和中山各项排名走势

资本赋能发展

在产业结构方面，东莞有较好的信息技术业基础，并得以保持。此外，东莞的工业和房地产市值占比在不断下降，消费类行业市值占比有所提升，这使东莞的产业新兴度排名得以提升（图 7.12）。中山早期的产业结构较为单一，只有日常消费品和公用事业两类。在 18 年的发展过程中，中山的产业多元化程度得以丰富，且可选消费行业和信息技术业得到了显著发展，这也使近年来中山的产业新兴度排名较高，提升较快。

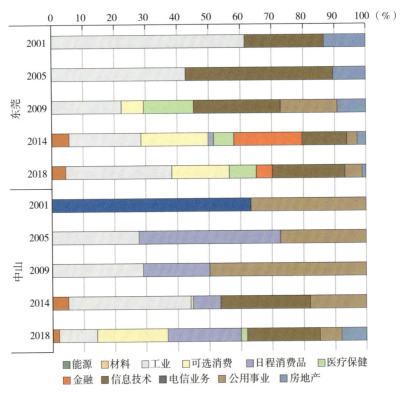

图 7.12 东莞和中山产业市值分布

（三）排名无明显变化的城市：佛山、惠州和澳门

在粤港澳大湾区城市中，佛山、惠州和澳门的资本活力指数综合排名虽有波动，但最新排名与最初排名的差异不大（图7.13）。佛山的综合排名保持在第5位至第8位，且近5年呈上升趋势。惠州的综合排名基本在第8位至第11位，澳门的综合排名波动较大。

佛山的上市公司数量和上市公司总市值较多，均稳定保持在粤港澳大湾区城市的第4位至第5位。佛山的上市公司数量已超过50家，上市公司总市值已超过8 000亿元。惠州的资本规模较小，一直处于粤港澳大湾区城市排名的后半部分，且上市公司数量增长速度较落后，排名有所下降。澳门近十年的资本规模和资本效率有显著增长，相应的排名也有显著上升。

从产业结构看，惠州和澳门的产业结构都较为单一，佛山的产业结构较多元（图7.14）。佛山的工业基础较好，但市值占比在逐渐降低。不难看出，佛山新增的上市公司以消费类行业和房地产行业为主，工业市值占比被压缩至很小一部分。但因房地产行业市值占比较高，佛山的产业新兴度排名提升较不明显。惠州有较好的信息技术业基础，至今仍然以信息技术业为主导行业，并逐渐发展了同样估值较高的可选消费行业，这使惠州的产业新兴度表现较优。澳门早期上市公司数量较少，只有信息技术业。此后，澳门又有可选消费类公司上市，且市值几乎占据垄断地位。

（四）排名明显下降的城市：江门和肇庆

在粤港澳大湾区城市中，江门和肇庆的资本活力指数综合排名有明

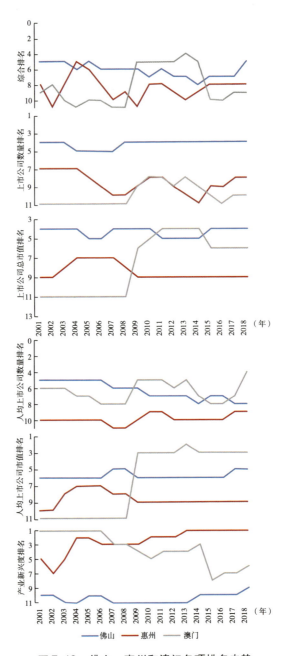

图 7.13　佛山、惠州和澳门各项排名走势

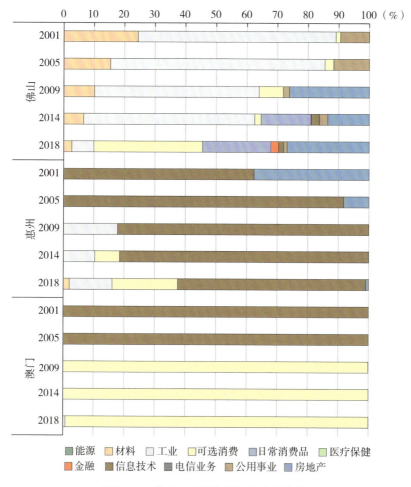

图 7.14　佛山、惠州和澳门产业市值分布

显下降（图 7.15）。江门和肇庆的综合排名都从粤港澳大湾区城市的中游下降至最末位，资本规模和资本效率发展缓慢。

截至 2018 年末，江门的上市公司数量不足 20 家，肇庆的上市公司数量不足 10 家，这 2 座城市的上市公司总市值都不足 1 000 亿元，资本规模和增速都显著落后于其他粤港澳大湾区城市，资本规模排名有所下降。

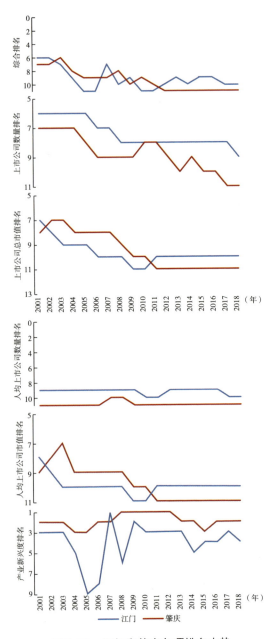

图7.15 江门和肇庆各项排名走势

资本效率方面，江门和肇庆的人均上市公司数量均不足 5 家/百万人，人均上市公司市值均不足 2 万元/人，资本效率排名较低，且仍有下降趋势。

江门和肇庆的上市公司产业结构均比较单一（图 7.16）。早期，江门的产业只有材料业和日常消费品行业，且材料业市值占据绝对主导地位。在 18 年的发展过程中，江门发展出工业、可选消费业、医疗保健业和信息技术业，且信息技术业的市值占比最高，因此江门近些年的产业新兴度排名在显著提升。肇庆有较好的信息技术业基础，近年来又快速发展了可选消费行业，使肇庆的产业新兴度排名一直比较领先。

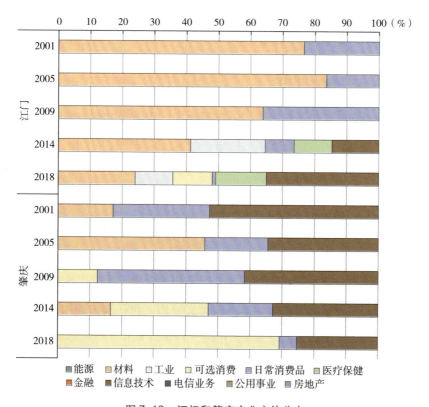

图 7.16　江门和肇庆产业市值分布

一、 长三角城市总体状况

(一) 长三角城市介绍

明清时期，江浙一带形成了九座以商业、手工业和粮食集散为主的城市，包括上海、南京、苏州、扬州、无锡、常州、杭州、松江和湖州，这是长江三角洲城市群的雏形。鸦片战争后，由于对外门户开放，长三角地区的工商业实现了快速发展。随着商品经济的不断繁荣，19 世纪下半叶，上海已经成为工商业大都市，之后逐步发展成为长江三角洲地区的贸易中心、金融中心和工业中心。与此同时，无锡、宁波、南通也凭借其地理优势击败杭州、苏州、镇江、扬州和常州，成为次重要城市。①中华人民共和国成立后，由于特殊的历史原因，长江三角洲地区的发展一度陷入停滞不前的困境。然而，1978 年改革开放作为特殊的历史节点，

---

① 搜狐新闻：《中国唯一的世界级城市群，长江三角洲城市群包括哪些城市》，2018 年 3 月 29 日，http://www.sohu.com/a/304497819_ 381837。

促使长三角地区由止步不前转向迅猛发展。

2010 年 5 月，国务院正式批准实施《长江三角洲地区区域规划》，根据该规划，长江三角洲涵盖了上海、江苏和浙江，区域面积达到 21.07 万平方千米，其中，由 16 个城市组成核心区域。[①] 2016 年 5 月，国务院发文批复《长江三角洲城市群发展规划》，自此，长江三角洲城市群范围包括上海、江苏、浙江和安徽，由以上海为核心、紧密联系的多个城市组成，分布于国家"两横三纵"城市化格局的优化开发和重点开发区域。至此，该区域面积达到 21.17 万平方千米，总人口 1.5 亿人。[②]

根据三省一市（上海、江苏、浙江、安徽）的长三角划分范围，目前长三角地区共有 41 个地级市及以上城市，除了上海以外，涉及江苏的 13 个城市、浙江的 11 个城市、安徽的 16 个城市。本报告选取的长三角城市范围，涵盖了长三角的所有 41 个城市（表 8.1）。

表 8.1　长三角城市分布

省/直辖市	城市数量（个）
上海市	1
浙江	11
江苏	13
安徽	16
合计	41

[①] 中华人民共和国国家发展和改革委员会：《国家发展改革委关于印发长江三角洲地区区域规划的通知》，2010 年 6 月 7 日，http://www.ndrc.gov.cn/zcfb/zcfbghwb/201006/t20100622_585472.html。

[②] 中华人民共和国国家发展和改革委员会：《国家发展改革委住房城乡建设部关于印发长江三角洲城市群发展规划的通知》，2016 年 6 月 1 日，http://www.ndrc.gov.cn/zcfb/zcfbgh-wb/201606/t20160603_806390.html。

（二）典型城市及上市公司介绍①

1. 绍兴

绍兴位于浙江中北部、杭州湾南岸，东连宁波，南临台州和金华，西接杭州，北隔钱塘江与嘉兴相望，陆域总面积为 8 273.3 平方千米，市区（越城区、柯桥区、上虞区）面积 2 959.3 平方千米。2017 年末，绍兴市有 67 个镇、15 个乡、36 个街道、2 169 个行政村、514 个（社区）居民委员会。全市建成区面积为 333.9 平方千米，其中市区建成区面积 211.1 平方千米。2017 年，绍兴市总户籍人口 4 464 803 人。2018 年全市生产总值 5 417 亿元，比上年增长 7.1%，其中第一产业增加值 196 亿元，增长 2.3%；第二产业增加值 2 612 亿元，增长 6.9%；第三产业增加值 2 609 亿元，增长 7.7%。三次产业增加值结构由上年的 4.0∶48.8∶47.2 调整为 3.6∶48.2∶48.2。人均 GDP 为 107 853 元（按年平均汇率 6.6174 折算为 16 298 美元），按可比价计算，比上年增长 6.6%。

表 8.2 绍兴市值排名前 5 位的上市公司介绍

证券代码	公司简称	上市地点	公司简介
002602. SZ	世纪华通	深圳	世纪华通是国内 A 股市场上规模最大的游戏公司之一，主营业务为互联网游戏和汽车零部件。公司在汽车用塑料件行业具有较高的知名度，产品及服务受到客户的认可。公司还实现了网络游戏业务类型全覆盖、游戏产业链全覆盖及游戏发行全球化。

---

① 典型城市依据 2018 年资本活力综合排名的领先城市选出（以前章节已介绍过的城市不再介绍，按资本活力综合排名往后顺延），各城市文字介绍来源于各地方政府官网，各公司文字介绍来源于 Wind 数据库。

（续表）

证券代码	公司简称	上市地点	公司简介
002001. SZ	新和成	深圳	新和成是一家专业生产原料药、药品、食品添加剂、饲料添加剂、香精香料的国家级重点高新技术企业。公司自 1999 年创办以来，为全球 100 多个国家和地区的客户在动物营养、人类营养、医药、生命健康、环保、工程塑料等方面提供解决方案，为利益相关方创造可持续的价值。
600352. SH	浙江龙盛	上海	浙江龙盛是综合性跨国企业集团，主要从事化工、钢铁汽配、房地产、金融投资。目前其制造业业务以染料、助剂、中间体等特殊化学品为主，以纯碱、硫酸等基础化学品为辅。公司通过启动债转股控股德司达全球公司，开始掌控染料行业的话语权。
002050. SZ	三花智控	深圳	三花智控是一家全球领先的生产和研发制冷空调控件元件和零部件的厂商。在汽车、电器和空调行业，通过与全球著名企业的紧密合作，三花已成为世界领先的 OEM（原始设备制造商）供应商，提供高品质且最具竞争力的商品。
000967. SZ	盈峰环境	深圳	盈峰环境的主营业务为环境监测仪器的研发、维修及运营服务；环境工程、环保工程、市政工程、水利水务工程的设计、施工；水污染治理、水处理、生态修复的技术开发、技术服务；通信产品、网络产品、软件产品等的研发、销售及相关的技术咨询服务；通风机、风冷、水冷、空调设备的销售等。

2. 南京

南京，简称宁，江苏省省会，位于江苏西南部、长江下游，东西最大横距约 70 千米，南北最大纵距约 150 千米，市域平面呈南北长东西窄展开，面积 6 587.02 平方千米。

南京是中国东部地区重要的中心城市、全国重要的科研教育基地和综合交通枢纽，是长江三角洲唯一的特大城市和长三角辐射带动中西部地区发展重要门户城市、首批国家历史文化名城和全国重点风景旅游城市。南京市辖玄武、秦淮、建邺、鼓楼、栖霞、雨花台、江宁、浦口、六合、溧水、高淳11个区、87个街道、13个镇、966个社区居（村）民委员会。截至2018年底，全市常住人口843.62万人，比上年末增加10.12万人，增长1.21%，其中城镇人口695.99万人，占总人口比重（常住人口城镇化率）82.50%。年末全市户籍总人口696.94万人，比上年末增加16.27万人，增长2.4%。2018年，南京实现地区生产总值1.28万亿元，名义增速为9.43%，与去年同比增长了1 105亿元，GDP总量位居全省第2位。

表8.3 南京市值排名前5位的上市公司介绍

证券代码	公司简称	上市地点	公司简介
601688.SH	华泰证券	上海	华泰证券是中国领先的综合性证券集团，具有庞大的客户基础、领先的互联网平台和敏捷协同的全业务链体系，是中国证监会首批批准的综合类券商，全国最早获得创新试点资格的券商。
002024.SZ	苏宁易购	深圳	苏宁易购是中国领先的O2O（线上到线下）智慧零售商，面对互联网、物联网、大数据时代，持续推进智慧零售和线上线下融合战略，全品类经营、全渠道运营、全球化拓展，开放物流云、数据云和金融云，通过门店端、PC（个人计算机）端、移动端和家庭端的四端协同，实现无处不在的一站式服务体验。
600406.SH	国电南瑞	上海	国电南瑞作为专业从事电力自动化软硬件开发和系统集成服务的提供商，主要从事电网调度自动化、变电站自动化、火电厂及工业控制自动化系统的软硬件开发和系统集成服务。

（续表）

证券代码	公司简称	上市地点	公司简介
600919.SH	江苏银行	上海	江苏银行是在江苏省内无锡、苏州、南通等 10 家城市商业银行基础上，合并重组而成的现代股份制商业银行，开创了地方法人银行改革的新模式。公司获得银监会"全国银行业金融机构小微企业金融服务先进单位"、《金融时报》"最具竞争力中小银行"等多项荣誉称号。
601009.SH	南京银行	上海	南京银行诞生于中国金融体制改革和资本市场发展的浪潮中。1996 年公司完成了股份制改造，2001 年引入境外战略投资者国际金融公司（IFC），2005 年引入境外战略投资者法国巴黎银行（BNP），成为一家由国有法人股份、中资法人股份、外资股份和众多自然人股份共同组成的混合所有制商业银行。

3. 湖州

湖州是一座有着 100 万年人类活动史、2 300 多年建城史的国家历史文化名城，也是环太湖地区唯一因湖得名的江南城市。全市辖吴兴、南浔两区和德清、长兴、安吉三县，面积 5 820 平方千米，户籍人口 265 万人，常住人口 298 万人。湖州地处长三角中心区域，是沪、杭、宁三大城市的共同腹地，是连接长三角南北两翼和东中部地区的节点城市，离杭州 75 千米、上海 130 千米、南京 220 千米。近年来，湖州经济社会实现了持续快速协调发展。2018 年湖州实现地区生产总值 2 719 亿元，按可比价格计算，比上年增长 8.1%，居全省第 2 位。其中第一产业增加值 127.7 亿元，增长 2.8%；第二产业增加值 1 273.6 亿元，增长 8.2%，其中工业增加值 1 152.5 亿元，增长 9.2%；第三产业增加值 1 317.7 亿元，增长 8.5%。

表8.4　湖州市值排名前5位的上市公司介绍

证券代码	公司简称	上市地点	公司简介
002624. SZ	完美世界	深圳	完美世界是中国大型的影游综合体，业务涵盖完美世界影视和完美世界游戏两大板块，包括：网络游戏的研发、发行和运营；电视剧、电影的制作、发行及衍生业务；综艺娱乐业务；艺人经纪服务及相关服务业务。
603338. SH	浙江鼎力	上海	浙江鼎力是一家致力于各类智能高空作业平台研发、制造、销售和服务的高端制造企业，以高新技术、高端装备、高成长性著称，是国内高空作业平台龙头企业。公司从事各类高空作业平台的研发、制造、销售和服务。
300357. SZ	我武生物	深圳	我武生物是一家专业从事过敏性疾病诊断及治疗产品的研发、生产和销售的高科技生物制药企业。公司主营创新药物，拥有国际领先水平的生物制药技术。
603711. SH	香飘飘	上海	香飘飘是专业的杯装奶茶制造商。公司一直致力于方便类食品的研发、生产和销售，先后开发出"香飘飘""磨坊农庄"等品牌二十余个系列的奶茶、速食年糕和休闲花生产品，销售范围覆盖全国所有省、市、自治区和直辖市。
600226. SH	瀚叶股份	上海	瀚叶股份是国内规模最大的新型农药、兽药生产企业之一，国家重点扶持的高新技术企业。公司拥有国家认定的企业技术中心、博士后科研工作站，并逐步形成了以生物化工产品为主导，以生物高科技、支农产品为主体的产业体系。

4. 台州

台州地处浙江沿海中部，东濒东海，南邻温州，西连丽水、金华，北接绍兴、宁波，陆地总面积9 411平方千米，领海和内水面积约6 910平方千米。台州的地理位置得天独厚，居山面海，平原丘陵相间，形成"七山一水二分田"的格局。

台州市区由椒江、黄岩、路桥3个区组成，辖临海、温岭、玉环3个县级市和天台、仙居、三门3个县。改革开放以来，特别是台州建市以来，城镇人口增长较快。2000年普查时市区常住人口149.20万人，占总人口的28.95%。2011年总人口中市区人口155.85万人。台州是"制造之都"，也是股份合作经济的发祥地，民营经济最活跃的地区，台州浓缩了改革开放后中国制造业成长发展的历史。而今，民营经济创新示范、小微金融改革、五大千亿产业集群又演绎着"中国制造的台州品牌、全球制造的台州产品"的崭新传奇。2018年，台州全市实现生产总值4 874.67亿元，按可比价格计算，比上年增长7.6%。其中，第一产业增加值264.28亿元，增长0.9%；第二产业增加值2 182.60亿元，增长8.7%；第三产业增加值2 427.79亿元，增长7.3%；三次产业结构为5.4∶44.8∶49.8。全市人均GDP为80 644元（按年平均汇率折算达12 187美元），比上年增长7.1%。

表8.5　台州市值排名前5位的上市公司介绍

证券代码	公司简称	上市地点	公司简介
002032. SZ	苏泊尔	深圳	苏泊尔是国内著名的炊具研发制造商，中国厨房小家电的领先品牌，专注于炊具及厨房小家电领域的产品研发、制造与销售。公司的主要业务包括明火炊具、厨房小家电、厨卫电器、生活家居电器四大领域。
002468. SZ	申通快递	深圳	申通快递致力于民族品牌的建设和发展，不断完善终端网络、中转运输网络和信息网络三网一体的立体运行体系，立足传统快递业务，全面进入电子商务物流领域，以专业的服务和严格的质量管理推动中国物流和快递行业的发展。

（续表）

证券代码	公司简称	上市地点	公司简介
002372.SZ	伟星新材	深圳	伟星新材是国内一家专业从事高质量、高附加值新型塑料管道研发、制造和销售的企业，是国内PP-R（三丙聚丙烯管）管道的技术先驱与龙头企业，公司主要从事各类中高档新型塑料管道的制造与销售。
600521.SH	华海药业	上海	华海药业是一家集医药制剂和原料药为一体的制药企业，是国家重点高新技术企业，国家创新型企业，浙江省医药工业十强企业，设"国家级企业技术中心""博士后科研工作站"，是中国首家荣获"国家环境友好企业"称号的医药企业。
002389.SZ	航天彩虹	深圳	航天彩虹是我国最大的电容器专用电子薄膜制造企业之一，是中国高端电容器薄膜主导供应商和中国产品系列最全的电容器薄膜生产商。公司是一家"以科技为动力，以品质为核心"的创新型企业。

5. 合肥

合肥是安徽省省会，全省政治、经济、文化、信息、交通、金融和商贸中心，全国重要的科研教育基地，长三角城市经济协调会会员城市。合肥地处江淮之间、环抱巢湖，因东淝河与南淝河均发源于此而得名。2015年末，全市总面积11 445.1平方千米（含巢湖水面770平方千米），其中合肥市区城市建成区面积403平方千米。截至2017年，合肥市下辖4个市辖区、4个县，代管1个县级市。2018年底，合肥有户籍人口757.96万人，比上年增加15.2万人，其中市区户籍人口281.27万人，增加11.16万人。全市常住人口808.7万人，比上年增加12.2万人。常住人口城镇化率74.97%，比上年提高1.22个百分点。初步核算，合肥全年实现生产总值7 822.91亿元，按可比价格计算，比上年增长8.5%。其中，第一产业增加值277.59亿元，增长2.2%；第二产业增加值3 612.25亿元，增长9.5%；第三产业增加值3 933.07亿元，增长8.0%。

表8.6　合肥市值排名前5位的上市公司介绍

证券代码	公司简称	上市地点	公司简介
002230.SZ	科大讯飞	深圳	科大讯飞是一家专业从事智能语音及语言技术研究、软件及芯片产品开发、语音信息服务及电子政务系统集成的国家级骨干软件企业，是我国众多软件企业中为数极少掌握核心技术并拥有自主知识产权的企业之一。
03698.HK	徽商银行	香港	徽商银行是以资产、贷款、存款规模计算的中部地区最大的城市商业银行。徽商银行主要经营范围包括在中国吸收公司和零售客户存款，利用吸收的存款发放贷款，及从事资金业务，包括货币市场业务、投资和交易业务及代客交易等。
000728.SZ	国元证券	深圳	国元证券以股权分置改革为契机，公司借壳"北京化二"成功在深圳证券交易所上市。公司主要业务有经纪业务、投行业务、自营投资业务、资产管理业务、证券信用业务。
600909.SH	华安证券	上海	华安证券主要从事证券经纪、证券投资咨询、与证券交易和证券投资活动有关的财务顾问、证券承销与保荐、证券自营、证券资产管理、融资融券、代销金融产品、代销证券投资基金、为期货公司提供中间介绍业务等业务。
002690.SZ	美亚光电	深圳	美亚光电是一家专注于光电识别核心技术与产品研发的高新技术企业。公司产品包括人工智能色选机、X射线检测设备和高端医疗设备等产品，广泛应用于全球农产品加工、工业检测及医疗卫生等领域，市场占有率多年保持世界领先。

二、 长三角城市资本活力总体状况

（一）资本规模

2001—2018 年，长三角城市的上市公司总数量实现了快速增长，从 2001 年的 291 家增长至 2018 年的 1 505 家，增长了 4.2 倍，年均增速达 10.1%，增长态势良好（图 8.1）。长三角城市上市公司总数量在全国（不含港澳台）所占的比重也在逐年增长，2001 年，长三角城市上市公司数量占比为 23.8%，到 2018 年，占比已达到 33.1%（图 8.2）。

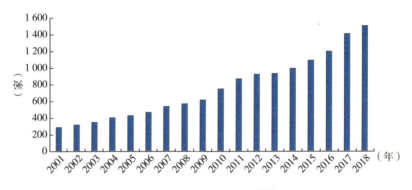

图 8.1　长三角上市公司总数量

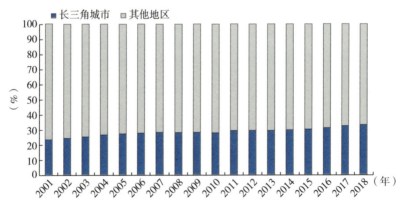

图 8.2　长三角城市上市公司数量占全国（不含港澳台）比重

2001—2018 年，长三角城市的上市公司总市值略有波动。总体看，从 2001 年的 1.3 万亿元增长至 2018 年的 16.6 万亿元，增长了 11.8 倍，年均增速达 16.2%。股票市场被称为经济的"晴雨表"，2018 年，长三角城市的上市公司总市值下降较为明显，与 2017 年的 20.7 万亿相比下降了 20%，面临较大的增长压力。这次下降既与中国内部宏观经济增速回落、金融去杠杆等政策有关，也与外部的中美贸易摩擦升级有关。2018 年，长三角城市的上市公司市值也是近 4 年来的新低（图 8.3）。从长三角城市的总市值占全国（不含港澳台）比重看，略有波动，近 6 年基本维持在 20%~30%。2001—2018 年，占全国（不含港澳台）比重最高为 2016 年，占比 27.1%，最低为 2006 年，占比 15.7%（图 8.4）。

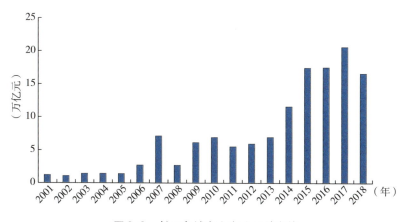

图 8.3　长三角城市上市公司总市值

（二）资本效率

2001—2018 年，长三角城市的人均上市公司数量增长趋势明显，从每千万人 11.9 家上市公司增长为每千万人 60.3 家，年均增速约 10%。从长三角城市人均上市公司数量与全国（不含港澳台）平均水平趋势图可

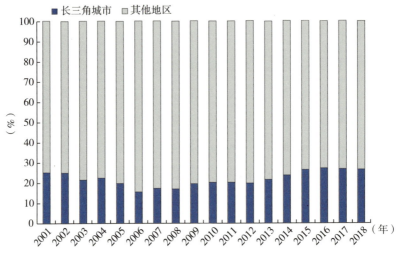

图8.4　长三角城市上市公司总市值占全国（不含港澳台）比重

以看出，2003 年以前，长三角城市人均上市公司数量不及全国平均水平，但 2003 年以后，逐渐高于全国平均水平，总体看，两者的差距呈扩大的趋势。2018 年，长三角城市每千万人上市公司数量为 60.3 家，全国（不含港澳台）平均水平为 36.5 家（图 8.5）。

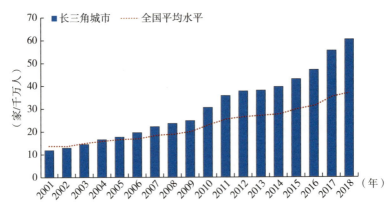

图8.5　长三角城市人均上市公司数量

人均上市公司市值方面，在2006—2009年，长三角城市低于全国平均水平，其余年份均高于全国平均水平。2010年以后，长三角逐渐拉大与全国平均水平的差距。2001年，长三角城市人均上市公司市值为0.5万元，2018年为5.7万元，增长了10.4倍，年均增速达到15.4%。2018年，长三角城市人均上市公司市值略有下降（图8.6）。从走势看，长三角城市和全国城市的资本效率发展趋势基本一致。

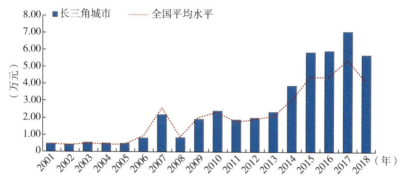

图8.6　长三角城市人均上市公司市值

（三）产业新兴度

产业新兴度指标由市场对不同行业的估值度量，因此会随市场基本面的波动而波动。总体而言，长三角城市平均的产业新兴度与全国平均水平差别不大，两者的历史走势基本一致，表明长三角城市和全国（不含港澳台）上市公司总体的产业结构大体类似（图8.7）。

三、 长三角城市资本活力指数排名分析

2018年，长三角城市资本活力指数综合排名前3位的城市分别是杭

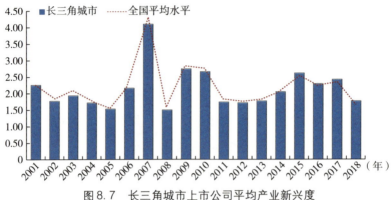

图8.7　长三角城市上市公司平均产业新兴度

州、苏州、无锡。在前 10 位的城市中，上海排名第 4 位，此外，浙江有 5 个城市，江苏有 3 个城市，安徽有 1 个城市。综合排名在第 11—20 位中，浙江有 3 个城市，江苏有 6 个城市，安徽有 1 个城市。综合排名在第 21—30 位的城市中，浙江有 1 个城市，江苏有 3 个城市，安徽有 6 个城市。综合排名在第 31—40 位的城市中，浙江有 2 个城市，江苏有 1 个城市，安徽有 7 个城市。① 总体看，江苏和浙江的城市排名优于安徽（表 8.7）。

表 8.7　2018 年长三角城市资本活力指数综合得分排行榜

资本活力排名	省/直辖市	市	GDP 排名
1	浙江	杭州	3
2	江苏	苏州	2
3	江苏	无锡	5
4	上海	上海	1
5	浙江	绍兴	6
5	浙江	宁波	14

① 由于宿州市在 2018 年没有上市公司，因此本章节排行榜中涉及的长三角城市为 40 个。

第八章　长三角城市资本活力指数报告

资本活力排名	省/直辖市	市	GDP 排名
7	江苏	南京	4
8	浙江	湖州	24
9	浙江	台州	16
10	安徽	合肥	8
11	江苏	南通	7
12	江苏	连云港	22
13	浙江	金华	18
14	浙江	嘉兴	17
15	江苏	镇江	19
16	安徽	芜湖	21
17	江苏	常州	9
18	江苏	宿迁	23
19	江苏	扬州	13
20	浙江	温州	11
21	安徽	淮北	38
22	安徽	马鞍山	25
23	江苏	淮安	20
24	安徽	亳州	35
25	安徽	宣城	32
26	江苏	徐州	10
27	安徽	黄山	40
28	安徽	铜陵	36
29	江苏	泰州	15
30	浙江	衢州	30
31	安徽	六安	34
32	安徽	滁州	27
33	江苏	盐城	12
34	安徽	阜阳	28
35	安徽	蚌埠	29

（续表）

资本活力排名	省/直辖市	市	GDP 排名
36	浙江	舟山	33
37	安徽	池州	39
38	浙江	丽水	31
39	安徽	安庆	26
40	安徽	淮南	37

（一）排名领先的城市：杭州、无锡和上海

从 2018 年资本活力指数综合排名以及长三角各城市排名的历史演变看，杭州、无锡和上海在长三角城市中一直处于领先地位，2001—2018 年，三个城市均在前 7 位，综合实力较强（图 8.8）。

上海作为中国的经济中心，资本市场发达。2019 年 3 月 1 日，上海证券交易所发布实施"设立科创板并试点注册制"相关业务规则和配套指引，这对进一步推进上海国际金融中心建设具有重要战略意义。从资本活力指数相关指标看，上海资本市场基础雄厚，上市公司数量、上市公司市值和人均上市公司数量始终保持在第 1 位，人均上市公司市值保持在前 2 位，资本规模和资本效率优势明显。截至 2018 年，上海已有上市公司 416 家，上市公司总市值超过 6 万亿元，此外，上海每百万人上市公司数量达到 28.7 家，人均上市公司市值超过 40 万元。

杭州在 2018 年资本活力指数综合排名中居于首位，相比浙江其他城市，拥有绝对的资本优势，2001—2018 年，资本规模和资本效率两大类排名均保持在前 4 位，发展相对稳定。截至 2018 年，杭州已有上市公司 159 家，上市公司总市值约 3.9 万亿元，每百万人上市公司数量达到 21.6 家，人均上市公司市值超过 53 万元。

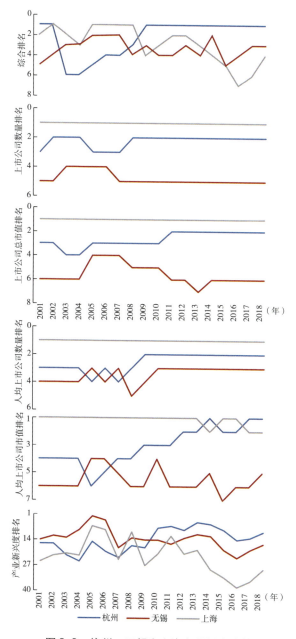

图 8.8　杭州、无锡和上海各项排名走势

无锡作为地级市，2001—2018 年，资本活力指数综合排名始终排在前 5 位，在资本市场中具有强有力的竞争实力。相比上市公司市值和人均上市公司市值，无锡的上市公司数量和人均上市公司数量排名更为稳定，也更为靠前。

在产业结构方面，上海的资本市场囊括了能源、材料、工业、可选消费、日常消费品、医疗保健、金融、信息技术、电信业务、公用事业和房地产行业，呈现多元化的发展模式。其中，金融、可选消费和工业行业占比相对较大，但是，工业占比逐渐减少，伴之以信息技术等新兴行业开始逐步发展。杭州作为我国的电商中心，民营经济发达，拥有一批行业龙头企业。目前，杭州的可选消费行业占比最高。无锡的上市公司主要集中于制造业，并且将这些上市公司打造成为国内行业的领军企业，如江阴江化微电子材料股份有限公司、展鹏科技和阿科力。此外，可选消费和医疗保健行业也是无锡的重要产业（图 8.9）。

（二）排名上升较快的城市：苏州、温州、金华和湖州

在长三角城市中，苏州、温州、金华和湖州在资本活力综合排名中具有较为明显的提升（图 8.10）。与 2001 年相比，2018 年苏州和温州的综合排名均提高了 12 个名次，金华提高了 11 个名次，湖州提高了 10 个名次。2018 年，苏州的资本活力综合排名已经达到第 2 位，发展势头迅猛。湖州也挤进前 10 位，排名第 8 位。

苏州的上市公司数量一直居于前 10 位，2010 年以后，逐渐提升到前 5 位，上市公司市值则从 2001 年的第 8 位上升至 2018 年的第 4 位。人均上市公司数量和人均上市公司市值则从 2001 年的第 11 位分别提升至 2018 年的第 4 位和第 6 位。苏州的资本规模不断扩展，资本效率逐渐提

高，目前已经成为长三角资本市场的中坚力量。

　　温州资本活力综合排名提升幅度较大，主要是由于上市公司市值和人均上市公司数量排名提升，2001—2018 年，温州的上市公司市值增长了 93.8 倍，人均上市公司数量增长了 23 倍。此外，温州的上市公司总数和人均上市公司市值排名也有不同程度提升，但产业新兴度排名出现下降，影响了温州的总排名。

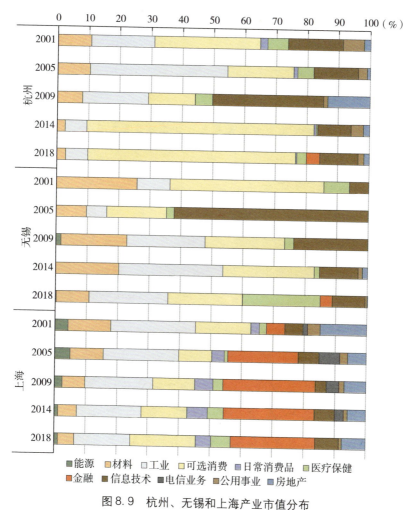

图 8.9　杭州、无锡和上海产业市值分布

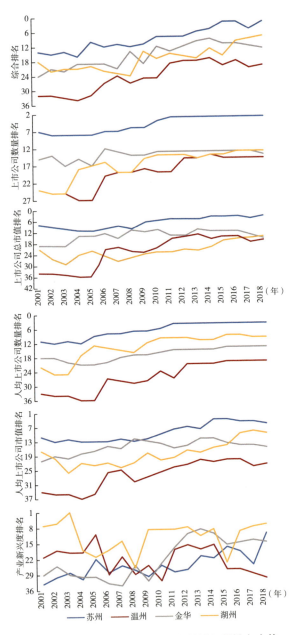

图 8.10　苏州、温州、金华和湖州各项排名走势

金华资本活力综合排名从 2001 年的第 24 位，提升至 2018 年的第 13 位。与温州不同，金华主要由于产业新兴度排名的大幅上升提高了综合排名。18 年间，金华的资本规模和资本效率排名均有小幅上升，显示出向好的发展趋势。

湖州的上市公司数量增长较快，2001—2018 年，上市公司数量从 1 家增长至 29 家，年均增速达 21.9%，上市公司数量排名也从 2001 年的第 24 位提升至 2018 年的第 13 位。湖州在 1999 年才实现上市公司"零"的突破，如今无论是在资本规模还是资本效率方面，排名增长迅速，表现出良好的增长潜力。

在产业结构方面，苏州的信息技术发展迅速，占比不断上升，而工业比重下降，新兴产业表现出良好的发展势头（图 8.11）。温州和湖州在 2001 年均只有 1 家上市公司，分别属于可选消费行业和材料行业，表明两个城市的基础禀赋不同。2018 年，温州的工业市值占比逐渐上升，而潮州则向多元化产业模式发展，信息技术、工业和材料市值占比较为突出。金华的资本市场则是从医疗保健和房地产行业起步，如今可选消费市值占比逐渐提高。

（三）排名无明显变化的城市：宁波、亳州、常州和嘉兴

在长三角城市中，宁波、亳州、常州和嘉兴的资本活力指数综合排名略有波动，但 2018 年排名与 2001 年排名的差异不大（图 8.12）。宁波从 2001 年的第 6 位提升至第 5 位，亳州从第 25 位提升至第 24 位，常州和嘉兴则分别下降 2 位。

宁波的发展较为稳定，资本规模排名维持在第 4 位至第 6 位，资本效率排名维持在第 4 位至第 7 位。2001 年，常州和嘉兴分别有上市公司 5

资本赋能发展

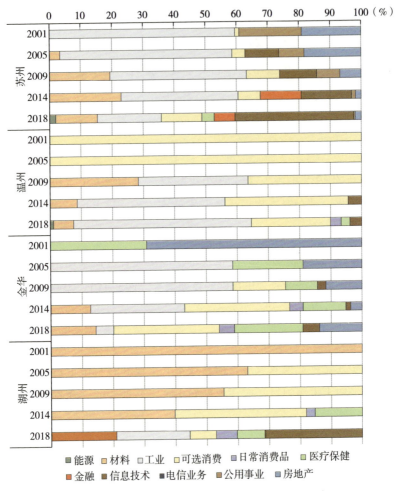

图 8.11　苏州、温州、金华和湖州产业市值分布

家和 4 家，2018 年，分别增加到 43 家和 46 家，虽然两者的差别不大，但嘉兴的发展势头优于常州，即便从资本效率排名看，嘉兴的发展也略快于常州。亳州的发展相对滞后，在考察期内，一直只有 1 家上市公司，上市公司数量不占优势，单项排名拉低了综合排名。但是，该上市公司市值增长了 6.7 倍，市值发展相对稳定，资本市场整体活力较弱。

230

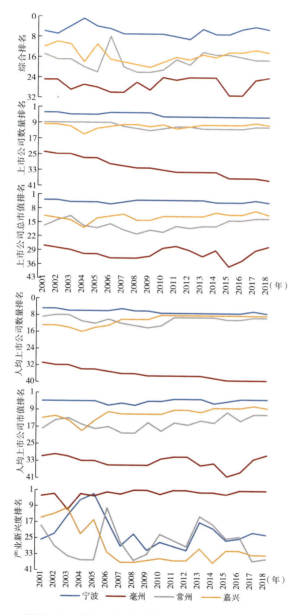

图8.12　宁波、亳州、常州和嘉兴各项排名走势

从产业结构看，宁波和常州的产业结构相对多元（图8.13）。工业是宁波的主导产业之一，2018年，宁波的工业和可选消费行业占比较高。早期的常州，主要聚焦在工业和信息技术行业，因此，这两个行业市值占据绝对主导。此外，还涉及房地产行业，但占比较低。2018年，常州

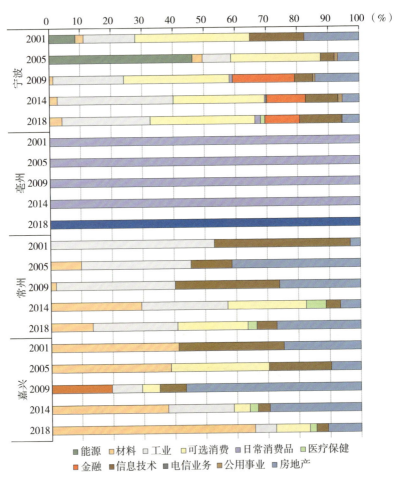

图 8.13　宁波、亳州、常州和嘉兴产业市值分布

的房地产行业逐渐发展，占比与工业和可选消费相当。嘉兴的材料行业发展迅速，2018 年，材料行业占比最高，工业、可选消费、房地产、信息技术和医疗保健业略有发展。亳州由于始终只有 1 家上市公司（古井贡酒），产业结构单一，目前属于日常消费品行业。

（四）排名明显下降的城市：马鞍山、铜陵、舟山和扬州

在长三角城市中，2018 年，马鞍山、铜陵、舟山和扬州的资本活力指数综合排名与 2001 年相比有明显下降（图 8.14）。其中，马鞍山的排名下降幅度最大，从 2001 年的第 2 位下降至 2018 年的第 22 位，资本市场发展后劲不足。铜陵下降了 15 个名次，舟山和扬州均下降了 9 个名次。

在 2001—2009 年，马鞍山的人均上市公司市值排名一直在前 5 位，2010 年以后逐渐被赶超。此外，人均上市公司数量排名以及上市公司规模的排名也出现下降趋势。马鞍山在早期具有较强的人均产出效率，但 2009 年以后，排名却逐渐下降，除了无锡、苏州等城市的实力赶超，其自身资本发展也存在一定的问题。

铜陵资本活力指数综合排名下降最主要是由于产业新兴度排名的大幅下降。2001 年，铜陵的产业新兴度排名为第 3 位，2018 年下滑至第 37 位，意味着其产业发展存在一些不合理的地方。同时，资本规模和人均效率排名也出现不同程度的下降，最终导致综合实力排名下降。

舟山排名下降幅度最大的指标是人均上市公司市值，从 2001 年的第 14 位跌至 2018 年的第 38 位，下降了 24 位，影响了综合排名。除人均上市公司市值外，上市公司数量、上市公司市值和人均上市公司数量分别下降了 14 位、11 位和 15 位，但舟山的产业新兴度排名上升了 13 位，阻止了综合排名的进一步下降。

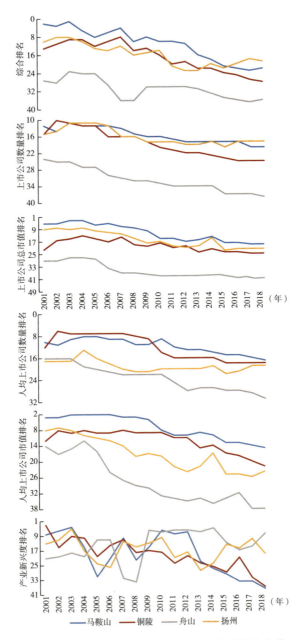

图 8.14　马鞍山、铜陵、舟山和扬州各项排名走势

扬州上市公司数量和人均上市公司数量的排名下降幅度不大，综合排名下降主要是由于上市公司市值和人均上市公司市值排名的下降，表明上市公司本身在公司发展方向上存在些许问题。

从产业结构看，马鞍山的资本市场是通过材料行业起步的，2018年，马鞍山的材料行业依然占据绝对优势地位（图8.15）。舟山在2001年只

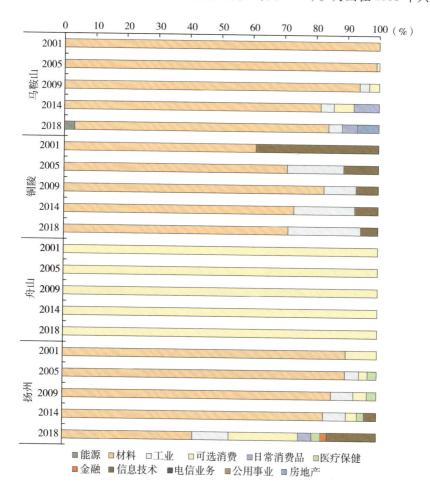

图8.15　马鞍山、铜陵、舟山和扬州产业市值分布

有 1 家上市公司，属于可选消费行业。铜陵目前涉及材料、工业和信息技术行业，近年来工业发展较快。扬州逐渐由单一化发展为多样化模式，2018 年，扬州的金融产业有所发展，材料业占比降低，可选消费和信息技术占比上升，新兴产业发展势头良好。

主要参考文献

大卫·李嘉图．政治经济及税负原理［M］．北京：商务印书馆，1979．

多马．郭家麟译．经济增长理论［M］．北京：商务印书馆，1983．

贵州省民政厅：《国务院批转民政部关于调整设市标准报告的通知（国发〔1993〕38 号）》，2013 年 4 月 18 日。http：//mzt. guizhou. gov. cn/xxgk/xxgkml/zc-wj/fgwj/201702/t20170228_ 1961090. html.

马歇尔．经济学原理［M］．北京：商务印书馆，1997．

迈克尔·波特．陈小悦译．竞争战略［M］．北京：华夏出版社，2005．

倪鹏飞．中国城市竞争力报告［J］．决策与信息，2003，7：9 - 10．

萨伊．政治经济学概论［M］．北京：商务印书馆，1972．

搜狐财经：《2007 年中国上市公司市值年度报告》，2008 年 1 月 10 日，business. sohu. com/20080110/n254567140. shtml。

搜狐新闻：《中国唯一的世界级城市群，长江三角洲城市群包括哪些城市?》，2018 年 3 月 29 日。http：//www. sohu. com/a/304497819_ 381837.

肖庆业，张贞．城市竞争力综合评价指标体系及评价方法研究［J］．农林经济管理学报，2006（3）．

熊波特．经济发展理论［M］．北京：商务印书馆，1990．

《中共中央国务院关于建立更加有效的区域协调发展新机制的意见》，2018 年 11 月 18 日。http：//www. gov. cn/zhengce/2018 - 11/29/content_ 5344537. htm.

中国指数研究院:《粤港澳大湾区城市发展群规划解析》, 2017 年 5 月。

中华人民共和国国家发展和改革委员会:《国家发展改革委关于印发长江三角洲地区区域规划的通知》, 2010 年 6 月 7 日。http://www.ndrc.gov.cn/zcfb/zcfbgh-wb/201006/t20100622_585472.html.

中华人民共和国国家发展和改革委员会:《国家发展改革委住房城乡建设部关于印发长江三角洲城市群发展规划的通知》, 2016 年 6 月 1 日。http://www.ndrc.gov.cn/zcfb/zcfbghwb/201606/t20160603_806390.html.

R. E. Lucas. On the Mechanism of Economic Growth [J] Journal of Monetary Economic, 1988. 22 (1): 3–42.

R. M. Solow. A Contribution to the Theory of Economic Growth [J] Quarterly Journal of Economic, 1956. 70 (1): 65–94.

Romer Paul. Increasing Returns and Long–Run Growth [J] Journal of political Economy, 1986. 94 (5): 1002–1037.